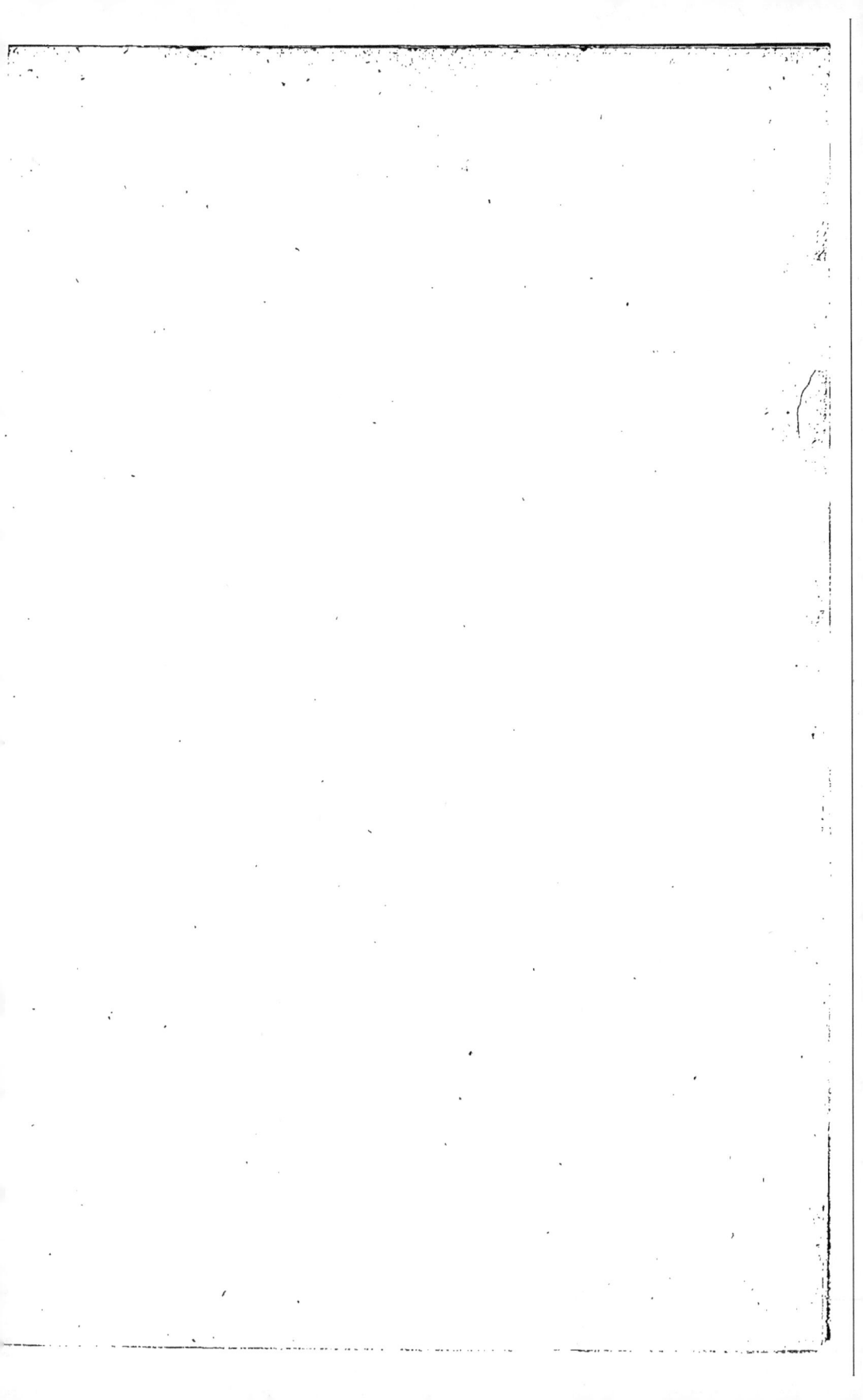

ACCORDS

ET

SENTENCES ARBITRALES

ENTRE

Monseigneur l'Abbé et les Cousuls d'Aurillac,

FAISANT SUITE A LA DEUXIÈME PAIX.

Texte latin collationné sur les originaux qui sont déposés à la Bibliothèque.

AURILLAC,

DE L'IMPRIMERIE DE P. PICUT, IMPRIMEUR DE LA PRÉFECTURE ET LIBRAIRE.

1842.

1843

NIVERSIS præsentes litteras inspecturis, Guillelmus de Achilhosiis, miles, ballivius montanorum Arverniæ, ex potestate domini nostri regis Franciæ, tenens que sigillum ejusdem domini nostri regis in dictâ balliviâ montanorum Arverniæ constitutum ; salutem et pacem.

Noveritis et norint universi, quod constituti coram nobis religiosi viri, domini, Guillelmus de Merula prior claustralis monasterii Aureliacensis, Guido de Manhama camerarius, Guillelmus de Claveriis prior de Burgo et Bertrandus Rebuffa prior de Brussia ; procuratores, syndici et actores venerabilis patris domini abbatis et conventus monasterii Aureliacensis, coram nobis legitime constituti et habentes ad infrà scripta mandatum sufficiens, generale et speciale, et plenam ac liberam potestatem, in nostrâ præsentiâ, sibi datam et concessam a domino abbate et conventu prædictis, ex unâ parte : et Guillelmus d'Yssart et magister Durandus de Molendino, juris-periti, et Guido de Guaynaco, et Guillelmus Cazals procuratores, syndici et actores consulum et universitatis et hominum dictæ villæ, coram nobis legitime constituti et habentes ad infrà scripta mandatum sufficiens, generale et etiam speciale, ac plenam et liberam potestatem, in nostrâ præsentiâ sibi datam et concessam à consulibus suis et consiliariis consulum et universitate et communitate hominum dictæ villæ ex parte altera.

Cum inter partes prædictas essent, seu esse sperarentur questiones et controversiæ seu dissentiones, super modum inquirendi et procedendi in villâ Aureliaci contrà suspectos de lepra ; et contrà illos qui de facto secundas nuptias, constante primo matrimonio, dicuntur contraxisse ; item qualiter et per quem modum inquiratur et procedatur contrà clericos criminosos ; prædictæ partes, et priùs nominatæ personæ, vice et nomine suarum partium, quarum sunt syndici pro-

À tous ceux qui ces présentes verront, Guillaume d'Achilhosas, chevalier, bailli des montagnes d'Auvergne, par l'autorité de notre sire le roi de France, et garde du scel de notre dit sire le roi, établi pour le baillage des montagnes d'Auvergne, salut et paix.

Vous saurez, et que tous sachent que se sont présentées devant nous religieuses personnes, Guillaume de Merula, prieur claustral du monastère d'Aurillac ; Gui de Manhama, camérier ; Gui de Clavières, prieur de Bourg, et Bertrand Rebuffa, prieur de Labrousse ; procureurs, syndics et avocats du vénérable père monseigneur l'abbé et des moines du monastère d'Aurillac, légalement constitués devant nous, et munis pour les choses qui vont suivre, d'un mandat suffisant, général et spécial, de pleins et libres pouvoirs à eux donnés, et concédés en notre présence par monseigneur l'abbé et le couvent susdit, d'une part ; et Guillaume d'Yssartz, maître Durand Delmolé, jurisconsultes, Guy de Gagnac et Guillaume Cazals, procureurs, syndics et avocats des consuls, de l'universalité des habitans de ladite ville légalement constitués devant nous et ayant pour les choses qui suivent mandat suffisant, général et spécial, franc et plein pouvoir à eux donnés et concédés en notre présence par leurs consuls, les conseillers des consuls, l'universalité et la communauté des habitans de ladite ville, d'autre part.

Comme il existait entre les susdites parties, ou qu'il était sur le point de s'élever entre elles diverses discussions, controverses et dissentions sur le mode d'enquérir et de procéder dans la ville d'Aurillac contre ceux que l'on soupçonne être lépreux, et ceux qui, constant un premier mariage, sont accusés d'en avoir contracté un second ; et aussi sur le mode et la forme de procéder contre les clercs criminels ; lesdites parties et les personnes ci-dessus nommées, pour et au nom des parties dont elles sont syndics, procureurs et avocats ont par les présentes ordonné, convenu, pactisé et déclaré entre elles ;

curatores et actores, et præsentibus litteris, sic in se ordinaverunt, convenerunt, pepigerunt et declaraverunt.

Quod si aliquis de villâ Aureliaci dicatur suspectus de
leprâ, quod antequam de hiis solennis fiat inquisitio seu
informatio, ne contrà sanum aliqua fiant quæ ad infamiam
ejus cedant; judex domini abbatis, vocatis consulibus aut
duobus ex ipsis, et aliis bonis viris, qui de talibus habeant
experientiam, vel habere dicantur; se informet secrete ab
eis, an de leprâ sit et præsumatur suspectus. Qui omnes
jurent quod fideliter consultent, quod id nemini revelabunt,
nisi hic suspectus de leprâ leprosus post modum apparuerit
evidenter. Et si, factâ hujus modi informatione seu *apusiâ*,
concordent qui ad hoc adhibiti fuerint, aut major pars eorumdem, illum esse, vel verisimiliter apparere de leprâ
suspectum, judex domini abbatis, vocatis ad hoc et præsentibus duobus clericis de villâ Aureliaci, juratis et non
suspectis, non tamen de familiâ aut de raubis domini abbatis, ac etiam aliis viris in arte medicinæ expertis, procedat
ulterius ad inveniendam veritatem, sit ve leprosus nec ne.
Et ulteriùs prout fiat rationis, in sententiâ petât, et petere
teneatur consilium ab eisdem clericis, ut fit de consulibus
in inquestis. Et si sentencia aut execucio fiat, fiat hoc
in præsentiâ eorumdem, si voluerunt adesse. Et consules
dictum dominum abbatem aut ejus curiam non impediant
de præmissis.

Item quod in inquestis, et si quas faciat curia domini
abbatis contra clericos criminosos, non vocentur consules,
nec et si inquiratur ad pænitentiam injungendam, seu pænam
canonicam, de jure, usu aut consuetudine, et pecuniariam
infligendam contrà aliquem qui, primâ uxore vivente, dicatur
secundum de facto matrimonium contraxisse; aut si mulier,
primo viro vivente, dicatur de facto ad secundum maritum
convolasse. Et in hiis casibus et quolibet eorumdem, ut
omnis fraudis suspicio evitetur, judex domini abbatis seu
ejus curia duos clericos de villâ Aureliaci, bonos viros et
ad hoc expertos, et hiis contrà quos fiet inquisitio non suspectos, juratos, et non de raubis seu familiâ domini ab-

Que si dans la ville d'Aurillac on soupçonne quelqu'un d'avoir la lèpre, avant de faire sur ce fait une enquête ou recherche solennelle, pour ne rien faire contre un homme sain qui le couvre de honte, le juge de monseigneur l'abbé appellera les consuls ou deux d'entre eux, et d'autres personnes prudentes qui aient, ou soient reputées avoir de l'expérience en cette matière, et s'informera auprès d'eux secrètement si cet homme a la lèpre ou peut être soupçonné de l'avoir; après leur avoir fait jurer de ne parler à personne de ce qu'il leur demande, à moins que celui qui n'est encore que prévenu soit évidemment reconnu lépreux. Et après cette information ou conférence, si les personnes appelées ou la majeure partie s'accordent à le dire lépreux ou à reconnaître qu'il a vraisemblablement la lèpre, le juge de monseigneur l'abbé fera appeler devant lui deux clercs jurés de ladite ville d'Aurillac non suspects et qui ne seront ni de la maison, ni de la livrée de monseigneur l'abbé, et en leur présence, et en présence d'autres personnes versées dans l'art de la médecine il procédera, comme de droit, à la recherche de la vérité, s'il est ou non lépreux. Et plus tard, ainsi que de raison, avant de prononcer la sentence il demandera et sera tenu de demander le conseil des deux clercs, comme on demande celui des consuls dans les enquêtes. Et s'il condamne et fait exécuter sa sentence, que ce soit en présence des deux clercs, s'ils veulent être présens. Les consuls ne pourront en rien à cet égard entraver monseigneur l'abbé ou sa cour.

Item dans les enquêtes, si la cour de monseigneur l'abbé en fait contre des clercs criminels, on n'appellera pas les consuls, on ne les consultera pas sur la pénitence à infliger, ni sur la peine canonique encourue suivant le droit, l'usage et la coutume. Non plus que sur la peine pécuniaire à infliger à celui qui, du vivant de sa première femme, a contracté de fait un second mariage; ou à la femme qui, du vivant de son premier mari, a de fait convolé à un autre. Dans tous ces cas et dans chacun d'eux, pour éviter tout soupçon de fraude, le juge de monseigneur l'abbé et la cour appelleront deux clercs de la ville d'Aurillac probes et experts, et non suspects à ceux contre qui se fera l'enquête, ils prendront leur serment, pourvu qu'ils ne soient ni de la maison, ni de la robe de monseigneur l'abbé et des

batis, seu conreariorum dicti monasterii, vocet et adhibeat, et vocare et adhibere teneatur. Et ipsis præsentibus procedat, ut si sententiet, petat et petere teneatur consilium ab eisdem, ut fit de consulibus in inquestis. Et si sententia aut execucio fiat, fiat hoc in præsentiâ eorumdem, si voluerint inter esse, et consules dictum dominum abbatem, ejus judicem, seu curiam non impediant in præmissis. Carceratio autem ac punitio monachorum vel moventium ad dominum abbatem pertineat, nec de eisdem teneatur aliquid, nisi voluerit communicare ac etiam adhibere.

Et hæc omnia facere, tenere, servare, attendere, complere, dictæ partes et personæ prædictæ, nominibus quibus suprà, inter se ad invicem promiserunt; et non contrà facere aut venire sub pænâ centum marcharum argenti à parte parti stipulatâ, dandâ per partem inhobedientem parti hobedienti, semel et pluriès, et quotiens aliquam partium contingeret contrà venire. Hoc acto quod commissa pæna, aut non semel aut pluriès, præsens ordinatio et concordia remaneat semper salva.

Et juraverunt hæc dicti procuratores syndici et actores dicti domini abbatis et conventus et monasterii in animas suas; et dictorum domini abbatis et conventus et cujus libet de conventu. Et antedicti procuratores syndici et actores consulum universitatis et communitatis dictæ villæ et cujus libet de eisdem ad sancta Dei evangelia ab ipsis hinc et inde corporaliter manu tacta, sub obligatione bonorum dicti monasterii, et consulatus et universitatis prædictorum. Sub juris renunciatione quâlibet et cautelâ.

Et ad præmissa omnia et singula tenenda et servanda voluerunt et concesserunt se per quemcumque superiorem compelli simpliciter et de plano, sine libello et quâlibet aliâ sollempnitate. Et hæc fecerunt, convenerunt et promiserunt inter se valere; et teneri et servari voluerunt perpetuo inter partes, si et dum modo compositiones, renunciationes, pactiones, quitationes et declarationes factæ inter partes prædictas et inhitæ hodie coram nobis à regiâ celsitudine confirmentur, aliter ad præmissa se teneri aut astringi, aut partes suas nulla tenus voluerunt.

moines dudit monastère. Ces clercs appelés et présens, le procès aura
son cours, et s'il y a lieu à prononcer sentence, le juge demandéra
et sera tenu de demander l'avis des clercs, comme on fait aux consuls
dans les enquêtes. S'il y a condamnation et exécution, lesdits clercs
seront appelés et présens s'ils veulent. Les consuls ne pourront en
tout cela porter aucune entrave au juge ou à la cour de monseigneur
l'abbé. Quant à l'incarcération et à la punition des moines ou des
personnes qui relèvent d'eux, elles appartiendront à monseigneur
l'abbé qui ne sera tenu d'en rendre aucun compte et n'en fera connaître que ce qu'il voudra bien.

Lesdites parties et les personnes sus-nommées, ez-noms que dessus,
se sont mutuellement promis de faire, tenir, garder, observer,
accomplir toutes les choses susdites, de ne rien faire de contraire,
ni venir à l'encontre, sous peine de cent marcs d'argent stipulés
entre parties, et payables par le contrevenant à la partie obéissante,
une et plusieurs fois et aussi souvent qu'une des parties s'avisera de
contrevenir aux présentes. Convenu que cette peine encourue une ou
plusieurs fois, le présent accord et traité demeurera toujours obligatoire.

Et lesdits procureurs, syndics et avocats dudit monseigneur l'abbé,
du couvent et du monastère, ont juré sur leurs âmes et sur celles de
monseigneur l'abbé et du couvent et de chacun des membres du couvent, de garder tout ce dessus. Et les susdits procureurs, syndics
et avocats des consuls, de l'universalité et de la communauté de ladite ville, l'ont juré de même sur leurs âmes et celles de chacun
d'eux, et cela sur les saints évangiles, corporellement touchés de la
main de part et d'autre et sous l'obligation des biens dudit monastère, du cousulat et de l'universalité susdits, sous toutes rénonciations de droit et sans fraude.

Ils ont voulu et consenti à l'exécution et accomplissement de tous
et chacun des articles ci-dessus, être contraints par tout supérieur
quel qu'il soit, simplement et d'office, sans libelle, ni solennité quelconque. Et toutes ces choses ont été faites, convenues et promises
entre parties, pour être maintenues, gardées et observées à perpétuité, si et pourvu que les compositions, rénonciations, pactes, remises et déclarations faites entre lesdites parties et couclues aujour-
d'hui devant nous, sont et soient confirmées par sa royale majesté,
car dans le cas contraire ils n'entendent être tenus et contraints ni
eux, ni leurs parties à les observer.

In quorum omnium fidem et testimonium nos dictus ballivius sigillum domini regis prædictum in dictis montaniis
constitutum, una cum sigillo dictorum domini abbatis et
conventus et consulum prædictorum, præsentibus litteris
duximus apponendum, jure domini nostri regis in omnibus
salvo et retento. Et nos frater Petrus miseratione divinâ humilis abbas Aureliacensis et conventus ejusdem loci ; et nos
consules dicti loci ; sigilla nostra unâ cum sigillo domini
regis, præsentibus duximus apponenda in testimonium
prædictorum.

Acta fuerunt hæc Aureliaci nona die ab exitu mensis Augusti
anno domini millesimo ducentesimo nonagesimo octavo.

Universis præsentes litteras inspecturis Guillelmus de Achilhosiis miles, ballivius montanorum Arverniæ ex potestate domini nostri
regis Franciæ, tenens que sigillum ipsius domini nostri regis in balliviâ montanorum Arverniæ constitutum, salutem et pacem.

Noveritis et noverint universi quod cùm inter venerabilem
patrem dominum Petrum, Dei gratiâ, abbatem et conventum
monasterii Aureliaci, vice et nomine dicti monasterii, ex
parte unâ ;

Et consules et universitatem ac communitatem villæ Aureliaci, vice et nomine consulatûs, communitatis et universitatis et hominum ejusdem villæ ex alterâ parte ;

Questiones seu controversiæ verterentur et essent, seu ver-
tere et esse sperarentur super eo videlicet quod idem dominus abbas et conventus, seu eorum syndici, procuratores,
et actores dicebant et asserebant dictos consules impedivisse
alveum antiquum et deviasse aquam de Jordana, opere manu
facto, in locis seu graveriis, dictis Lagraveyra de Lasfar-
guas, de subtus pontem dal Boys et de Ulmeto ; propter que
dicebant impediri debitum cursum aquæ, quæ ammoveri
petebant et ad statum antiquum reduci.

Item et super eo quod dominus dictus abbas et conventus

En foi et témoignage de quoi, nous dit bailli avons fait apposer aux présentes le susdit scel de notre seigneur le roi, établi pour le baillage des montagnes, ensemble avec les sceaux de monseigneur l'abbé, du couvent et des consuls, sauf et réservé en tout le droit de notre sire le roi. Et nous frère Pierre, par la miséricorde divine humble abbé du monastère d'Aurillac, nous moines dudit lieu, et nous consuls de ladite ville, avons fait apposer nos sceaux aux présentes lettres avec celui du roi notre sire, en témoignage de tout ce-dessus.

Fait et passé à Aurillac le nouvième jour avant la fin d'août, l'an mil deux cent quatre-vingt-dix-huit.

tous ceux qui ces présentes verront, Guillaume d'Achilhosas, chevalier, bailli des montagnes d'Auvergne, de par l'autorité de notre seigneur le roi de France, et garde du scel de notre seigneur le roi établi pour le baillage des montagnes d'Auvergne, salut et paix.

Vous saurez, et tous sauront qu'entre le vénérable père monseigneur Pierre, par la grâce de Dieu abbé d'Aurillac, et les moines dudit monastère, pour et au nom de ladite abbaye, d'une part ;

Et les consuls, l'universalité et la communauté de la ville d'Aurillac, pour et au nom du consulat, de la communauté et de l'universalité des hommes de ladite ville, d'autre part ;

Il existait plusieurs discussions et procès et que d'autres étaient étaient sur le point de s'élever, sur ce que, par exemple, ledit monseigneur abbé et ses moines, ou leurs syndics, procureurs et avocats disaient et affirmaient que les consuls avaient embarassé et dévié le cours ancien de la Jordanne, par des ouvrages faits de main d'hommes au lieu et sur la rive nommé la Gravière des Fargues, entre les ponts du Buis et d'Olmet. Pour quoi ils disaient que le cours nécessaire à l'eau était entravé ; ils demandaient que lesdits ouvrages fussent enlevés et les lieux remis en leur premier état.

Et encore sur ce que ledit monseigneur abbé et les moines se di-

dicebant se debere percipere vendas de parietibus et dimidiis parietibus qui venduntur apud Aureliacum et de appodiationibus et consimilibus.

Item super eo quod dicebant dictus dominus abbas et conventus se posse et debere percipere emendam de sanguine minuto, ex quo solùm deposita est querimonia, per illum cui facta est sanguinia contrà illum qui sanguiniam fecit, vice contentâ in pace, esto quod non fuit contrà reum oblatus libellus nec ulterius litigetur.

Parte dictorum consulum et hominum dictæ villæ seu eorum syndicis, procuratoribus et actoribus hæc negantibus et inficiantibus, et asserentibus præfatas Graverias esse universitatis et communitatis et hominum dictæ villæ, et ex opere ibi manu facto per eos nemini dari damnum; ac etiam dicentibus se non teneri ad vendas prædictorum, nec etiàm ad emendam pro sanguine minuto, nisi demùm cùm conquerens obtulisset libellum.

Tandem post multos et varios tractatus super præmissis habitos inter prædictas partes, religiosi viri fratres Guillelmus de Merula, prior claustralis dicti monasterii; Guido de Manhama, camerarius dicti monasterii; Guillelmus de Claveriis, prior de Burgo, et Bertrandus Rebufa, prior de Brussiâ; syndici, procuratores et actores dictorum domini abbatis et conventus et monasterii, coràm nobis constituti et habentes ad infrà scripta generale et speciale mandatum et plenam ac liberam potestatem, in nostrâ præsentiâ sibi datam et concessam per eosdem dominos abbatem et conventum coràm nobis pro eisdem domino abbate et conventu et monasterio et vice et nomine et mandato eorumdem, ex unâ parte.

Et venerabiles viri Guillelmus d'Yssart, et Guillelmus Cazals, consules villæ Aureliaci, et magister Durandus de Molendino, jurisperitus, et Guido de Ganhac, syndici, procuratores et actores consulum, universitatis, communitatis et hominum dictæ villæ, pro eisdem consulibus et consulatu, communitate et universitate hominum dictæ villæ, coràm nobis legitime constituti et habentes ad infrà scripta generale

saient en droit de percevoir les droits de lods et ventes sur les murs
et demi-murs qui se vendent à Aurillac, sur les droits d'appui et
autres choses semblables.

Enfin sur ce que ledit monseigneur l'abbé et ses moines disaient
pouvoir et devoir percevoir l'amende pour les blessures légères, dès
le moment qu'il y avait plainte portée par celui dont le sang avait
coulé, contre celui qui avait versé son sang, ainsi qu'il est dit dans
la paix, quand bien même il n'aurait pas fait libeller un exploit
contre le coupable et n'aurait pas donné suite à sa plainte.

D'autre part les consuls et les habitans de ladite ville, ou leurs
syndics, procureurs et avocats niaient et contestaient ces droits et
protestaient au contraire que les susdites Gravières appartenaient à
l'universalité, à la communauté des habitans de ladite ville, et que
les travaux de main d'hommes qui y avaient été faits ne causaient
de dommage à personne. Ils disaient aussi n'être tenus aux droits de
lods pour les choses susdites, non plus qu'à l'amende pour blessures
légères, à moins que le plaignant n'eut présenté son libelle.

Enfin après un grand nombre de conférences tenues entre les susdites parties, les religieuses personnes frère Guillaume de Merula,
prieur claustral dudit monastère ; Guy de Manhama, camérier ; Guillaume de Clavières, prieur de Bourg, et Bertrand Rebufe, prieur
de Labrousse, syndics, procureurs et avocats du susdit monseigneur
abbé et des moines dudit monastère, munies pour les choses qui
vont suivre d'un mandat général et spécial et de pleins et entiers
pouvoirs à elles donnés en notre présence et concédés par les susdits
monseigneur abbé et les moines. Ont comparu par-devant nous, pour
et au nom desdits monseigneur l'abbé, du couvent, du monastère,
et comme leurs mandataires, d'une part ;

Et vénérables personnes Guillaume d'Yssarts et Guillaume Cazals,
consuls de la ville d'Aurillac ; maître Durand Delmole, jurisconsulte,
et Gui de Ganhac, syndics, procureurs et avocats des consuls,
de l'universalité, de la communauté des habitans de ladite ville ;
pour lesdits consuls, le consulat, l'universalité et la communauté
des hommes de ladite ville, se sont aussi légalement présentées devant
nous, munies pour les choses qui suivent d'un mandat général et

et speciale mandatum et plenam ac liberam potestatem in nostrâ præsentiâ sibi datam et concessam ab universitate et communitate ipsorum, vice et nomine consulum, consulatûs, universitatis et comunitatis hominum ejusdem villæ ex parte alterâ.

Compromiserunt se concorditer indiscretos viros dominum Hugonem de Camburato, legum doctorem et in magistrum Bernardum Bastida, clericos et jurisperitos, et in nos ballivum prædictum, ut in superiorem tertium, nisi dicti duo dominus Hugo et magister Bernardus possent super præmissis inter se concordare super questionibus, controversiis et contentionibus prædictis, tanquàm in arbitratores seu amicabiles compositores et promiserunt eædem partes ad invicem sibi, stipulatione solemni, tenere et servare, attendere et complere dictorum voluntatem, pronuciationem, ordinationem et arbitratgium prædictorum sapientum, etiàm sine nobis vel una nobiscum, nisi hiidem dominus Hugo et magister Bernardus possent inter se concordare super præmissis, per nos ipsos proferendum et eadem ratificare et emologare et approbare et contrà nunquàm facere vel venire, per se, vel per alium, vel alios, volentes, concedentes et consentientes quod ipsi sine nobis vel nobiscùm possint et possimus cognoscere de et super præmissis jure, vel à more, vel amicabili compositione, juris ordine servato, vel non servato, omni die feriato, vel non feriato, stando vel sedendo, et quod possint et possimus pro ut ipsorum meræ placuit voluntati, supponentes in præmissis se et illos quorum nomine compromiserunt ipsorum omni modo voluntati et ordinationi et nostræ, nisi prædicti duo magistri possent inter se concordare; et præmissa omnia et singula tenere, servare, attendere et complere et contrà non facere vel venire promiserunt dictæ partes ad invicem, videlicet una pars alteri, stipulatione solemni, sub pænâ ducentarum librarum turonensium ab eisdem partibus ad invicem stipulatâ solemniter et promissâ, dandarum per partem inhobedientem et non servantem præmissa omnia et singula parti hobedienti et servanti eadem. Qu.. ·nam voluerunt et consentierunt

spécial, de pleins et libres pouvoirs à elles donnés et concédés en notre présence par l'universalité et la communauté susdites ; pour et au nom des consuls, du consulat, de l'universalité et de la communauté des hommes de ladite ville, d'autre part.

Lesquels d'un commun accord ont compromis entre les mains de discrètes personnes messire Hugues de Camburat, docteur ez-lois, et maître Bernard Bastide, tous deux clercs et jurisconsultes ; et encore entre les mains de nous, bailli susdit, comme tiers arbitre supérieur, dans le cas où les deux susdits, messire Hugues et maître Bernard ne pourraient s'accorder entre eux sur lesdites questions, controverses et contestations, nous nommant arbitres et amiables compositeurs. Et lesdites parties ont promis réciproquement, par une solennelle stipulation, de tenir, garder, suivre et accomplir ce qui sera voulu, prononcé, ordonné, arbitré, par les susdites deux sages personnes, soit sans nous, soit avec nous, si lesdits messire Hugues et maître Bernard ne pouvaient s'accorder entre eux pour les choses susdites de ratifier, homologuer et approuver la sentence que nous proclamerons nous-mêmes, et de ne jamais rien faire ni venir à contre, soit par eux-mêmes, soit par d'autres ; voulant, concédant et consentant qu'eux-mêmes sans nous, ou avec nous, puissent et que nous puissions connaître des choses susdites, et les décider soit en droit, soit selon la coutume, soit comme amiables compositeurs, en gardant ou non la forme du droit, les jours fériés ou non fériés, debout ou assis ; et qu'ils puissent et que nous puissions prononcer tout comme il plaira aux deux arbitres susdits, se soumettant, pour les choses ci-dessus, eux et ceux au nom desquels ils ont compromis entièrement et sans réserve, à la volonté et à la discrétion desdits deux arbitres et à la nôtre, si les susdits deux maîtres ne peuvent s'accorder. Et lesdites parties ont de nouveau promis tenir, garder, suivre et accomplir toutes et chacune les choses susdites, de ne rien faire de contraire et de ne pas venir à l'encontre ; et par une stipulation solennelle chacune d'elles l'a promis à l'autre sous peine de deux cents livres tournois qu'elles stipulent et conviennent à l'envie devoir être payées par la partie qui manquera aux présentes et ne les gardera pas, en tout ou partie, à celle qui s'y soumettra et les observera. Laquelle peine ils ont voulu et consenti, et déclarent qu'elle sera encourue pour le tout, et avec effet, pour et à l'occasion de chaque article, de chaque chapitre, et encore pour chaque partie de ce qui sera contenu dans lesdits articles et chapitres, toutes et quantes fois l'une ou l'autre desdites parties fera quelque chose de contraire, ou viendra à l'encontre en tout ou en partie des choses susdites ou d'un seul point desdites choses. Que de plus ladite peine encourue, payée et acquittée

ac etiàm concessunt committi, in solidum et cùm effectu in,
et pro quolibet articulo et capitulo, et etiàm pro quâlibet
parte de contentis in dictis articulis et capitulis super scriptis,
totiens quòtiens per alter utram de dictis partibus fieret vel
veniret, in toto vel in parte, contrà præmissa vel aliqua de
præmissis; et quâ pænâ commissâ, solutâ et exactâ, semel
et pluries, nihilominus præmissa omnia et singula et dictum
arbitratgium, pronunciatio et voluntas dictorum arbitrato-
rum, sine nobis vel nobiscum, perpetuam habeant firmitatem; sic quod ad utrumque possit agi in solidum et cùm
effectu ad pænam, si et quòtiens committetur. Et ad obser-
vationem dictæ pronunciationis et arbitratgii dictorum arbi-
trorum, sine nobis vel et nobiscùm, pro præmissis omnibus
et singulis servandis, tenendis, attendendis et complendis
et pro dictâ pænâ et summâ pænali solvendâ quoties committatur, se se, nominibus quibus suprà, cædem partes ad
invicem et bona partis suæ quælibet alteri obligantes.
Et premissa omnia tenere, servare, attendere et complere,
ratificare et emologare et contrà nunquàm facere vel venire,
per se vel per alium, juraverunt prænominati syndici, procuratores et actores dictorum domini abbatis et conventûs
et monasterii, in animas suas et dictorum dominorum abbatis
et conventûs et cujuslibet de conventu. Et prænominati
consules hiidem que syndici, et alii syndici, procuratores et
actores consulatûs, communitatis, universitatis et hominum
dictæ villæ, in animas suas et consulum et hominum dictæ
villæ et cujuslibet eorumdem juraverunt similiter, ad sancta
Dei evangelia, ab ipsis compromittentibus hinc et inde corporaliter manu tacta; et renunciaverunt eædem partes compromittentes super præmissis, hinc inde, reclamationi et pro-
vocationi ad arbitrium boni viri et authenticæ *decernimus* et
omni alii juri et juris auxilio, quibus contrà præmissa venire
possent, vel eorum pars, vel in aliquo se juvare; volentes,
consencientes et concedentes hinc inde, se ad præmissa et
singula et ad tenendum dictam pronunciationem, voluntatem et ordinationem nostrum et nostram, et dictorum ma-
gistrorum super præmissis proferendum et proferendam,

une ou plusieurs fois, tout ce qui est dit ci-dessus et chacune des-dites choses, ledit arbitrage et le prononcé de la sentence rendue par les susdits arbitres sans nous, ou avec nous, n'en soient pas moins fermes et stables à tout jamais, de sorte que chaque partie ne puisse pas moins agir pour le tout et efficacement contre l'autre pour lui faire payer ladite somme aussi souvent qu'elle aura été encourue. Et pour garantir l'observation de ladite sentence arbitrale convenüe par lesdits arbitres sans nous ou avec nous, et pour garder, tenir, suivre et accomplir toutes les choses susdites et chacune d'elles, et pour sûreté du paiement de la susdite peine aussi souvent qu'elle aura été encourue, lesdites parties se sont réciproquement obligées elles-mêmes ez-dits noms, et chacune d'elles a soumis en faveur de l'autre les biens de la partie qu'elle représente. Elles se sont encore engagées par serment de tenir, garder, suivre et accomplir toutes et chacune des choses susdites, de les ratifier et homologuer, de ne rien faire de contraire, de ne pas s'y opposer ni par soi, ni par d'au-tres; et ce serment a été prêté par les syndics, procureurs et avocats susnommés de monseigneur l'abbé et des moines du monastère, sur le salut de leurs âmes et de celles de monseigneur l'abbé et des moines et de chacun des membres dudit monastère; et par les consuls syndics, et les autres syndics, procureurs et avocats du consulat, de la communauté et de l'universalité des habitans de ladite ville, sur le salut de leurs âmes et de celles des consuls et des habitans de ladite ville, de tous et chacun d'eux. Lesdits compromettans ont encore juré sur les saints évangiles corporellement touchés avec la main de part et d'autre par chacun d'eux, et de part et d'autre lesdites par-ties ont renoncé sur les choses susdites, l'une en faveur de l'autre, à toute réclamation et provocation de l'arbitrage d'un homme probre et à l'authentique *decernimus*, ainsi qu'à tout autre droit ou moyen de droit qui aurait pu autoriser leurs commettans à les attaquer, ou dont ils auraient pu s'aider pour venir à l'encontre; voulant, consen-tant et concédant de part et d'autre être contraints à garder toutes et chacune des choses susdites, et de suivre ce qui sera dit, prononcé, voulu et ordonné par nous et par les susdits maîtres et proclamé par eux et par nous, et se soumettant à notre autorité et à celle de tout

compelli per nos et per superiorem quemcumque, de plano sine litigio et disceptatione quâcumque.

Qui quidem magistri scilicet dominus **Hugo de Camburato** et **Bernardus Bastida**, jurisperiti arbitratores prædicti, suscepto in se, pro bono pacis et concordiæ, hujus modi compromisso, visis, auditis hiis quæ partes prædictæ coràm eisdem arbitratoribus, proponere voluerunt seu et curaverunt; visis etiam et subjectis oculis. Locis dictarum Graveriarum, et inspectis per eosdem, prænominatis que partibus ac personis, vice et nominibus quibus suprà, coràm ipsis arbitratoribus et petentibus.

Hiidem magistri arbitratores concorditer dixerunt et pronuntiaverunt dictàm suam voluntatem, ordinationem et pronunciationem, super præfatis questionibus, in modum qui sequitur.

In primis super questione dictarum Graveriarum dixerunt, voluerunt, pronuntiaverunt et ordinaverunt quod, opera manu facta in dictis Graveriis et eædem Graveriæ, uti nunc sunt, ità sint et remaneant; et plus quod consules possint reficere et meliorare easdem Graverias et operas easdem, et refectas tenere quà tenus opera manu facta extant, se extendant, et non ultrà; et in hiis dictus dominus abbas et sui monachi nullum præstent impedimentum eisdem; ulterius verò in aquâ, seu versus aquam, consules per se vel per alios, nihil operis faciant sine domini abbatis voluntate, licentiâ et permissu.

Item dixerunt, pronuntiaverunt et ordinaverunt quod si in villâ Aureliaci, et extrà infrà cruces, paries domûs in toto vendatur, cum sit pars domûs, dentur vendæ, si servitus appodiationis vel similis imponatur, aut si pars parietis percrustam vendatur, nullæ ex hoc solvantur vendæ; nisi quis primo emeret medietatem parietis et post modum aliam medietatem, quo casu vendas solvere teneatur de toto.

Item voluerunt, pronunciaverunt et ordinaverunt quod si aliquis exposuit clamorem contrà aliquem coràm curiâ sen curialibus domini abbatis super sanguine minuto quem sibi effusum conqueratur et faciat citare adversarium; licet

supérieur quelconque pour y être contraints de plein droit, sans litige, ni discussion.

Lesquels maîtres, c'est à savoir, messire Hugues de Camburat et Bernard Bastide, jurisconsultes, arbitres susdits, ayant accepté pour un bien de paix le compromis ci-dessus, après avoir considéré et entendu ce que les susdites parties ont voulu proposer et ont eu le loisir de proposer dans leur intérêt auxdits arbitres; après avoir vu de leurs propres yeux les lieux appelés les Gravières et les avoir parcourus eux-mêmes avec les parties susnommées en personne, pour et ez-noms qu'elles agissent et réclament ainsi qu'il est dit plus haut.

Lesdits maîtres arbitres, d'un commun accord, ont dit et prononcé leur volonté, ordonnance et prononciation, sur les questions plus haut relatées, en la manière qui suit.

En premier lieu, au sujet desdites Gravières, ils ont dit, voulu, prononcé et ordonné que les ouvrages de main d'hommes faits dans lesdites Gravières, et lesdites Gravières telles qu'elles sont maintenant, resteront et seront conservés dans l'état actuel. Que de plus les consuls pourront réparer et améliorer lesdites Gravières et les ouvrages qui y sont, réparer et conserver lesdits ouvrages tels qu'ils existent en ce moment, mais n'en pas faire de nouveaux; et qu'en cela monseigneur l'abbé ni ses moines ne pourront leur susciter aucun obstacle. Mais à l'avenir les consuls, ni par eux-mêmes, ni par d'autres, ne pourront faire aucun ouvrage nouveau soit dans l'eau, soit aux bords de l'eau, sans l'agrément, la licence et la permission de monseigneur l'abbé.

Item ils ont dit, prononcé et ordonné que si, dans la ville d'Aurillac ou hors la ville, dans l'intérieur des croix, le mur d'une maison était vendu en entier, comme il fait partie de la maison, on devra payer lesdits droits de lods; mais si on imposait seulement sur ce mur une servitude d'appui ou quelqu'autre semblable, ou si l'on ne vendait que la moitié du mur en superficie, il ne sera dû pour cela aucun droit de lods, à moins que quelqu'un n'achetât d'abord la moitié d'un mur, et quelque temps après ne vînt à acquérir l'autre moitié, car alors il serait tenu de payer les lods pour le tout.

Item ils ont voulu, prononcé et ordonné que si quelqu'un porte plainte contre un autre devant la cour ou les officiers de monseigneur l'abbé, au sujet d'une blessure légère dont il se plaint, et qu'il fasse citer son adversaire; bien qu'il ne poursuive pas sa plainte, la cour

14

non persequatur clamorem , curia , ex officio suo , vocatis
consulibus, ut in pace in articulo inquestarum , possit inqui-
rere , cognoscere , pronunciare et exequi breviter et sine
scriptis , et de culpabili emendam consuetam levare ; nisi
conquerens querelam faciat ad instigationem curialium. Et
super hoc cùm juramento inquiratur veritas cùm eisdem ,
quo reperto non teneatur citatus ad emendam. Et cùm hiis
voluerunt quod sit pax et concordia perpetuo super præmissis
et præmissa tangentibus. Ad dictum laudum , pronunciationem et ordinationem et omnia suprà scripta , eædem præsentes personæ compromittentes et superiùs nominatæ per
se et nominibus quibus suprà ratificaverunt et emologave-
unt et approbaverunt expresse. Et prædictus dominus abbas
suum in præmissis consensum adhibuit voluntatem , licentiam et promissum. In quorum omnium fidem et testimonium , nos dictus ballivius , sigillum prædictum domini nostri
regis in balliviâ montanorum Arverniæ constitutum ad preces
et instantiam prædictorum præsentibus litteris duximus apponendum , jure domini nostri regis salvo in omnibus et retento, unà cùm sigillis dictorum domini abbatis et conventum
et consulum prædictorum. Nos vero frater Petrus , permis-
sione divinâ humilis abbas monasterii Aureliacensis , nec
non et conventus dicti loci , et nos consules antedicti sigilla
nostra præsentibus litteris duximus apponenda unà cùm
sigillo domini nostri regis , in fidem et testimonium præmissorum. Datum et factum Aureliaco , septimâ die ab exitu
mensis Augusti , anno domini millesimo ducentesimo nonagesimo octavo.

d'office, et après avoir appelé les consuls, comme il est dit à la paix
à l'article des enquêtes, pourra poursuivre, connaitre, prononcer et
exécuter sommairement et sans écriture, et contraindre le coupable
à payer l'amende accoutumée, à moins que le plaignant n'ait porté
plainte qu'à l'instigation des officiers de la cour. Et à cet égard on
recherchera la vérité en les citant eux-mêmes à serment; que si le
fait est reconnu vrai, le prévenu ne sera pas tenu à payer l'amende.
Et avec cela ils ont voulu qu'il y ait paix et concorde perpétuelle sur
les choses susdites et leurs dépendances.

Et les choses ci-dessus, et ce qui vient d'être dit, prononcé et ordonné, les susdites personnes, pour elles et ez-noms qu'elles ont agi
et compromis, les ont ratifiées, homologuées et expressément approu-
vées. Et le susdit monseigneur l'abbé a donné à tout ce dessus son
consentement, son agrément, licence et promesse.

En foi et témoignage de tout ce qui précède, nous bailli susdit,
nous rendant aux prières et aux instances des parties susdites, avons
fait apposer aux présentes lettres le sceau de notre seigneur le roi,
établi pour le baillage des montagnes d'Auvergne, sauf le droit de
notre seigneur le roi, retenu et réservé en tout. Ensemble ont été
apposés les sceaux de monseigneur l'abbé et des consuls susdits. Et
nous frère Pierre, par la permission de Dieu humble abbé du monastère d'Aurillac, et le couvent dudit lieu, et nous consuls susnommés
avons fait apposer nos sceaux auxdites lettres, avec le scel de notre
seigneur le roi, en foi et témoignage de tout ce dessus. Donné et fait
à Aurillac, le septième jour avant la fin d'août, l'an mil deux cent
quatre-vingt-dix-huit.

ACCORD

ENTRE

Monseigneur AYMERIC, Abbé d'Aurillac,

ET LES CONSULS DE LADITE VILLE,

Du 8 Mai 1347,

Comprenant divers réglemens de police pour les Peseurs publics, les Meuniers, Boulangers, Fourniers, Chaufourniers et autres articles concernant l'administration municipale.

NIVERSIS præsentes litteras inspecturis, Guillelmus de Chabenot, domini nostri Franciæ regis clericus, tenens que sigillum ipsius domini nostri regis, in ballivià montanorum Arverniæ constitutus, salutem et pacem ; noveritis :

Quod cum contentio sive controversia foret, aut esse speraretur, inter venerandum in Christo patrem et dominum, dominum Aymericum, Dei gratià abbatem, et conventum, et conrarios Aureliacensis cœnobii, et syndicos ejusdem monasterii, vice et nomine ejusdem monasterii, ex unà parte ; et consules, et universitatem, et homines villæ Aureliacensis, vice et nomine communitatis, universitatis, et consulatus dictæ villæ, ex parte alterà ; super ponderatione bladi et farinæ in dictâ villâ perpetuò faciendâ per certas personas super hoc eligendas ; item et super mundatione fossatorum dictæ villæ, et murorum reparatione faciendis, nec non et super murorum et fossatorum in dictâ villâ novâ factione pro tuitione et defensione ejusdem villæ et habitantium in eâdem.

Item et super ponderatione panis venalis, seu qui pro vendendo fit in dictâ villâ, in pastâ etiam pro in perpetuum faciendâ. Item et super mensuris salis, olei et calcis. Item super prævisione ad bonam calcem et bonos lateres, sive teules, cayrels et meytados, in dictâ villâ perpetuò faciendam et faciendos. Item et super intorticis, candelis et torceis quæ de cerâ fiunt in dictâ villâ pro vendendo. (Item super stateris quibus de ceco utetur in dictâ villâ.) Item super signo faciendo in vasis, seu vayssellamentis argenteis et siagneis quæ fient in dictâ villâ.

Item et super quibusdam quæ una pars alteri opponebat contrà aliam facta fuisse, contrà tenorem compositionis, sive legis municipalis, quæ pax nuncupatur ; ex quibus una pars ab alià ad invicem petebat pænas, quibus cavetur in dictis compositionibus ; nec non et super expensis, quas ad

À tous ceux qui ces présentes lettres verront, Guillaume de Chabenot, clerc de notre seigneur le roi de France, et garde du sceau de notre dit seigneur le roi dans le baillage des montagnes d'Auvergne, salut et paix, savoir faisons;

Que comme des discussions ou controverses étaient élevées, ou sur le point de s'élever, entre le vénérable père et seigneur en J. C., monseigneur Aymeric, par la grâce de Dieu abbé, le couvent, et les moines du monastère d'Aurillac, et les syndics du même monastère, pour et au nom de ladite abbaye, d'une part; et les consuls, l'université et les habitans de la ville d'Aurillac, pour et au nom de la communauté, de l'universalité et du consulat de ladite ville, de l'autre part; au sujet du pésage du blé et de la farine qui doit être fait à perpétuité dans ladite ville, par certaines personnes élues à cet effet; au sujet encore du curage des fossés de ladite ville, et des réparations à faire aux murs; comme aussi de la construction de nouveaux remparts et fossés autour de ladite ville pour la protection et la défense soit de la ville, soit des habitans qu'elle renferme.

Item au sujet du pésage du pain vénal, c'est-à-dire de celui que l'on fait dans ladite ville pour le revendre, et qui doit être pesé, même en pâte, à l'avenir. Item sur la mesure du sel, de l'huile et de la chaux. Encore au sujet des précautions à prendre et à ordonner à perpétuité dans ladite ville pour assurer la bonne confection de la chaux, des briques ou tuiles, carreaux ou demi-carreaux. Item et sur les tortillons, les cierges et les torches que l'on fait avec de la cire pour les revendre dans ladite ville, sur les mesures dont on se sert communément dans ladite ville, et encore au sujet du poinçon à appliquer sur les vases ou la vaisselle d'argent et d'étain qui se fabrique dans ladite ville.

Item et au sujet de plusieurs infractions que chaque partie accusait l'autre d'avoir commises contre la teneur des compositions ou lois municipales, que l'on nomme paix; et pour raison desquelles chaque partie réclamait à l'autre les dommages et intérêts fixés dans les dits

invicem quælibet partium proponebat se fecisse occasione præmissarum ob culpam alterius partis.

Tandem post multas altercationes, et varios tractatus super hiis et aliis infrà scriptis, habitas inter partes prædictas, ad honorem omnipotentis Dei patris, et Filii, et Spiritus sancti, et beatæ Mariæ virginis, beati que Geraldi, confessoris et patroni monasterii et villæ prædictorum, et totius celestis curiæ; ad pacem, honorem et tranquillum statum et regimen felix et prosperum dicti monasterii et villæ et partium prædictarum habendum perpetuò et servandum; et pro utilitate publicâ seu communi; et ut maliciis et fraudibus obvietur, habitis super hiis deliberationibus pro ut fuit et est possibile; diligenti inter partes prædictas simul ipsarum partium consilio coadunato; et etiam seorsum in capitulo dicti monasterii dicto domino abbate et toto conventu, ad sonum campanæ ut mos est super hiis pluriès congregatis; ac in consulatu dictæ villæ Aureliacensis, dictis consulibus et suo consilio, ad sonum campanæ et tubarum et de more solito, pluriès congregatis; consideratis que in hiis utilitate dicti monasterii et villæ, et usibus et observantiis in talibus et aliis in dictâ villâ diutiùs observatis, ut per dictas partes ibidem dictum fuit, coram Johane Daguzo et Durando de Cazis, clericis, notariis, juratis dicti sigilli regii, et per nos deputatis ad audiendum et recipiendum, vice et autoritate nostrâ, obligationes, recognitiones, pacta, juramenta, compromissa, ordinationes, pronuntiationes, arbitratgia, declarationes, transactiones, contractus, renunciationes et omnia alia quæcumque dicto sigillo fuerint sigillanda. Quibus quo ad suprà et infrà scripta recipienda, loco nostro commisimus et per præsentes committimus vires nostras: personaliter constituti, venerabiles et religiosi viri domini, Helias Arramundi, hostalarius monasterii Aureliacensis, Raymundus Delboy, elecmosinarius, et Petrus de Pradinas, infirmarius, et monachi dicti monasterii, syndici, procuratores, yconomi, et actores dicti domini abbatis, conventus et monasterii, habentes ad infrà scripta generale et speciale mandatum, ac etiam plenam et

accords ; comme aussi au sujet des dépens que chaque partie préten-
dait réciproquement avoir exposés à l'occasion des infractions susdites ,
et par la faute de la partie adverse.

Enfin après beaucoup d'altercations , et différens traités convenus
entre parties sur les choses susdites et autres qui vont suivre.

En l'honneur de Dieu le père tout-puissant, et du Fils et du Saint-
Esprit, de la bienheureuse vierge Marie , et du bienheureux Saint-
Geraud , confesseur et patron du monastère et de la ville susdite , et
de toute la cour céleste ; pour obtenir et conserver à jamais une paix
honorable , une douce quiétude , un gouvernement heureux et pros-
père pour le monastère , la ville et les parties qui les habitent ; dans
leur intérêt commun et public , et afin d'éviter toute fraude et toute
animosité ; après avoir délibéré autant que cela a été possible sur
toutes choses ; avoir réuni dans une conférence commune les partie
et chacune d'elles dans son conseil particulier ; spécialement après
avoir réuni plusieurs fois dans la chambre capitulaire du monastère,
et selon la coutume au son de la cloche, monseigneur l'abbé et toute
la communauté ; et plusieurs fois aussi dans la maison consulaire, au
son des cloches et des trompettes, en la manière accoutumée , les
consuls de ladite ville et leurs conseillers ; après avoir mûrement pesé
ce qui était avantageux au susdit monastère et à la ville , les usages
et précédens qui , en pareil cas , avaient été observés de tout temps
dans ladite ville , ainsi que les parties nous l'ont déclaré.

En présence de Jean Daguzon et Durand de Cazes , clercs notaires
assermentés sur ledit scel royal , et députés par nous pour entendre
et recevoir par et sous notre autorité les obligations, reconnaissances,
pactes , sermens , compromis , ordres , prononciations , arbitrages ,
déclarations , transactions , contrats , rénonciations et toutes autres
choses qui doivent être scellées avec ledit sceau. Auxquels pour recevoir en notre place les choses ci-dessus et dessous écrites , nous
avons commis et commettons par ces présentes nos pouvoirs.

Personnellement établis, vénérables et religieuses personnes ; Hélie
Arramondi , hostelier du monastère d'Aurillac ; Raymond Delboys ,
aumônier, et Pierre de Pradines , infirmier , tous moines dudit monastère , syndics , procureurs , économes et avocats dudit monseigneur

15

liberam potestatem , in præsentiâ dictorum notariorum
eisdem datam et concessam , ab eisdem domino abbate et
conventu , et omnibus et singulis de dicto conventu et monasterio , tam conreariis , officiariis et aliis monachis et fra-
tribus ejusdem monasterii in dicto capitulo ad sonum cam -
panæ , ut mos est , congregato , ex una parte ; et discreti
viri , Durandus Bruny , Hugo Vernhi , Guillelmus de Vau-
relhas et Geraldus Pengedre , procuratores , syndici et actores consulum et universitatis et hominorum dictæ villæ ,
habentes ad infrà scripta mandatum generale et speciale , et
plenam ac liberam potestatem , in præsentiâ dicti Durandi
de Cazis et Hugonis de Romegos , notariorum dicti sigilli ,
eisdem per consules et alios habitatores dictæ villæ , seu
majorem partem eorumdem datam et concessam , vice et
nomine consulatus et universitatis et hominorum dictæ villæ ,
ex parte aliâ ; amicabiles compositiones , pactiones , transactiones , conventiones , declarationes , et ordinationes
inter se fecerunt et inhierunt in modum qui sequitur et in
formam. Acto priùs et ante omnia protestato et retento specialiter et expresse convento , inter partes prædictas et per
ipsas et quam libet earum , et una de voluntate alteriùs , ad
invicem etiam in quolibet articulo de sub scriptis et quâlibet
parte earum , quod per aliqua de suprà et infrà scriptis non
intendunt discedere a pace antiquâ nec novâ , nec ab aliquâ
compositione dudum factâ , inter dominos abbates et conventum Aureliacensem qui fuerunt pro tempore , seu procuratores et syndicos eorumdem , et consules qui etiam pro
tempore in dictâ villâ fuerunt , aut procuratores et syndicos
consulum prædictorum qui fuerunt , nec ab aliquo de contentis in eis , nec à conventione pænali ducentorum marcharum argenti , nec aliâ , de quâ fit mentio in eisdem , nec
quâlibet earum , nec in eis , nec circa ea , aliquam nova-
tionem facere , nec quodcumque facere aliud per quod , in
toto aut in parte , eis præjudicaretur ; quod si facient , pro
infectis haberi voluerunt et nullius esse efficaciæ et valoris.
Salvo de inferiùs ordinandis quæ valere voluerunt, etiam quà-
tenus discreparent et discordarent à dictâ pace antiquâ aut

l'abbé et de la communauté des moines, ayant pour les choses qui vont suivre général et spécial mandat, comme aussi plein et libre pouvoir à eux donné et concédé en présence des notaires susdits par monseigneur l'abbé et la communauté, et par tous et chacun des membres dudit monastère, tant par les choristes et officiers que par les autres moines et frères du susdit monastère réunis en chapitre au son de la cloche, selon l'usage, d'une part. Et discrètes personnes Durand Bruny, Hugues Vernhe, Guillaume de Vaureille et Geraud Pengedre, procureurs, syndics et avocats des consuls et de l'université des hommes de ladite ville, ayant pour les choses ci-dessous écrites mandat général et spécial, plein et libre pouvoir à eux donné et concédé en présence dudit Durand de Caze et d'Hugues de Rome-goux, notaires dudit sceau, par les consuls et autres habitans de ladite ville, ou la majeure partie d'entre eux, pour et au nom du consulat et de l'universalité des habitans de ladite ville, d'autre part.

Lesquels ont fait et arrêté entre eux des compositions amiables, pactes, transactions, conventions, déclarations et ordonnances, en la forme et de la manière qui suit. Reservé d'abord et avant tout protesté, spécialement retenu, et expressément convenu entre les susdites parties, par elles-mêmes et par chacune d'elles, l'une du consentement de l'autre, et toutes à l'envie, dans chaque article des choses ci-dessous écrites, et pour chaque partie desdits articles, que par quoique ce soit de ce qui précède et de ce qui suit, elles n'entendent déroger à la paix ancienne et à la paix nouvelle, ni à aucun des accords faits depuis peu entre messeigneurs les abbés et les moines d'Aurillac qui existaient à l'époque desdits traités, ou leurs syndics et procureurs, et les consuls qui étaient alors en exercice dans ladite ville, ou les procureurs et syndics des consuls susdits, ni se départir de la convention pénale de deux cents marcs d'argent, ni de toute autre dont il est fait mention dans lesdits traités, desquels, ni à l'occasion desquels ils n'entendent rien innover, ne voulant absolument rien faire qui puisse y préjudicier en tout ou en partie. Voulant, s'ils le font involontairement, que de telles dispositions soient reputées non écrites, et de nul effet et valeur. Sauf ce qui va être réglé ci-dessous que lesdites parties veulent faire valoir, quand même il y aurait contrariété ou discordance avec ladite paix ancienne et avec les autres

aliis compositionibus prædictis, seu contentis in eisdem, quo ad omnia alia dictâ pace antiquâ et novâ et omnibus et singulis aliis compositionibus, dudum inter prædecessores dictarum partium factis, remanentibus in suo statu per omnia pro ut ante.

Et si quod jus aut consuetudo, stylus curiæ esset, dici aut allegari posset per quem, quam, seu quod, ea aut aliqua de eis, novata, seu infecta, aut aliter enervata in toto aut aliqua parte, dici aut allegari possent, hiis articulis exceptis qui in præsenti compositione continentur, in quibus per expressum ab eis receditur, ut est dictum : illi juri, consuetudini et stylo procuratores et syndici dictarum partium renuntiaverunt, pro se et suis, et ex suâ certâ scientiâ specialiter et expresse; ac promiserunt et juraverunt se, successores que suos, aliquem ve, per eis unquam' juvare, de eisdem jure, consuetudine aut stylo, nec quæcumque in judicio aut extrà, aliquo tempore allegare, per quod dici possit, per hic contenta recessum esse à dictis pace novâ et antiquâ, nec aliquâ de compositionibus ante dictis; volentes si secùs facerent, sibi judiciarum aditum et audientiam denegari.

Quas protestationes omnes et singulas et quamlibet ex eis, quælibet dictarum partium de consensu alterius ad invicem, quatenus faciunt, per eisdem repetierunt et repetitas esse volunt expressè in singulis articulis conventionibus et conclusionibus infrà scriptis.

In primis fuit inter dictas partes amicabiliter compositum, pactum, transactum, conventum, declaratum et ordinatum, quod statuantur et fient per dominum abbatem, vocatis et præsentibus consulibus, expensis consulum, pro tempore dictæ villæ, certa pondera quintalis et infrà in dictâ villâ perpetuò duratura, quæ signentur signis quibus alia quintalia dictæ villæ sunt signata, vocatis et præsentibus consulibus aut duobus ex ipsis, cum quibus totum bladum quod habitatores dictæ villæ et pertinentiarum ejusdem moli pro suâ necessitate aut alienâ facient in futurum ; ac etiam farina

compositions susdites et leur contenu. Tous les autres articles contenus dans lesdites paix ancienne et nouvelle et dans tous et chacun des traités, autrefois faits entre les prédécesseurs desdites parties, demeurant fermes et stables pour le tout comme auparavant. Et si l'on pouvait citer ou alléguer quelque loi, coutume ou formule de la cour, en vertu de laquelle ou desquelles il fut possible de soutenir, que lesdits traités ou quelques-uns d'entre eux sont aujourd'hui énervés, tombés en désuétude ou anéantis, en tout ou partie, sauf toujours les articles contenus dans les présentes et par lesquels les parties, comme on l'a dit, entendent y déroger expressément, les procureurs et syndics desdites parties ont renoncé auxdites lois, coutumes et formules, pour eux et les leurs. Et de leur plein gré et science certaine ils y renoncent spécialement et expressément, et ont promis et juré qu'eux et leurs successeurs, et que personne en leur nom ne se servirait jamais desdites lois, coutumes et formules ; que dans aucun temps ils ne les invoqueraient, ni en jugement, ni hors de jugement, de manière à faire croire que par les présentes on s'est écarté desdites paix ancienne et nouvelle, ni d'aucun des susdits traités ; voulant, s'ils agissaient ainsi, que l'entrée de la cour et l'audience leur fussent refusées.

Lesquelles protestations, toutes et chacune d'elles et quelle que soit d'elles, chacune desdites parties, du consentement de l'autre et toutes réciproquement, les ont renouvelées par leurs syndics et ont voulu qu'elles fussent expressément répétées dans chaque article, chaque convention et chacune des conclusions ci-dessous.

En premier lieu, il a été amiablement convenu entre lesdites parties, pactisé, traité, accordé, déclaré et ordonné qu'il sera établi et créé par monseigneur l'abbé, les consuls appelés et présens ; et aux frais des consuls en exercice dans ladite ville, des poids fixes et authentiques d'un quintal et au-dessous, qui devront servir à l'avenir et qui seront marqués des mêmes signes auxquels on reconnaît les autres poids de ladite ville, toujours en présence des consuls ou de deux d'entre eux. Avec ces poids on devra peser tout le blé que les habitans de ladite ville et de ses appartenances font moudre pour leurs besoins et ceux d'autrui, de même que la farine provenue dudit blé et réduite à un certain poids Les meuniers de ladite ville et de

bladi prædicti à certo et perpetuo ponderentur. Quod quidem bladum portare pro ponderando, et farinam reportare,
reddere ad dicta pondera pro reponderando, et deinde ad
hospitium, illius cujus erit deferre, molenerii dictæ villæ
et pertinentiarum ejusdem seu nuntii eorumdem perpetuò teneantur. Ita tamen quod pro laboribus et præsentiâ eorum
qui in hiis intererunt pro domino abbate, nihil solvent consules, sed omnia alia quæ materia ponderum, facto refecto
et portu et alia opera dictorum ponderum decostabunt,
exceptis tamen à suprà scriptis inferiùs exceptatis.

Item quod consules qui sunt et qui erunt pro tempore,
possint acquirere in perpetuum in dictâ villâ aliquam domum competentem ad opus dicti ponderis et ponderatoris,
in alios usus non convertendam; in quâ non poterunt facere,
nec fieri facere turrim nec tornellam, nec crenellos, nec
alia fortalitia, nisi duntaxat necessaria ponderi prædicto.
Et erit licitum dictis consulibus conducere aut procurare
habere aliam seu alias domum seu domos, sufficientem seu
sufficientes et necessarias in dictâ villâ ad opus prædictum
duntaxat, donec dicta domus fuerit per ipsos consules ad
hoc, ut permissum est, acquisita. Et tenebitur dicta domus
per ipsos consules in perpetuum acquirenda, a beato Geraldo et dicto monasterio et a domino abbate qui nunc est
et ejus successoribus, ratione dicti monasterii, ut alii habitantes dictæ villæ tenent domos quas habent in dictâ villâ
à beato Geraldo et monasterio et abbate prædicto. Salvo
quod dictus dominus abbas et ejus successores et curiales,
pro arreratgia census quæ debebuntur pro pondere prædicto
et emolumemis ponderis, accipere emolumenta dicti ponderis, et dictam domum sazire et ad manum suam ponere
poterit, quotiens arreratgia debebuntur, et ad manum suam
tenere quò usque satisfactus fuerit de arreratgiis debitis,
et satisfacto de arreratgiis, manus et quodcumque impedimentum ibi appositum, erunt et habebuntur ipso facto pro
amotis, nec ex aliquâ aliâ re sive causâ erit licitum dicto
domino abbati nec ejus successoribus nec gentibus sazire,

ses appartenances, ou leurs domestiques, seront tenus à l'avenir de porter ledit blé au poids pour le faire peser, de rapporter la farine audit poids pour la faire repeser, et ensuite de la reprendre pour la rendre au propriétaire du blé dans sa propre maison. Dans tout cela néanmoins les consuls ne payeront rien à monseigneur l'abbé pour le salaire et la présence des personnes qui y assisteront de sa part, mais tout le reste, le matériel du poids et les différentes opérations des peseurs seront à leur charge, sauf cependant les exceptions qui seront plus bas indiquées.

Item les consuls en exercice aujourd'hui, et leurs successeurs à l'avenir, pourront acquérir à perpétuité dans ladite ville quelque maison convenable pour l'usage du poids et du peseur ; qu'ils ne pourront employer à d'autres usages, et dans laquelle il ne leur sera pas permis de faire ou faire faire ni tour, ni tourelle, ni créneaux, ni aucune fortification, mais seulement ce qui sera nécessaire pour le poids susdit. Il sera aussi loisible auxdits consuls de prendre à loyer ou de se procurer de toute autre manière une ou plusieurs maisons suffisantes pour y établir ledit poids seulement, en attendant que lesdits consuls puissent faire l'acquisition d'une maison convenable ainsi qu'il vient d'être dit. Et ladite maison qu'ils doivent acquérir à perpétuité, les susdits consuls reconnaîtront la tenir de Saint-Geraud, du susdit monastère et de monseigneur l'abbé actuel et de ses successeurs à l'avenir, au nom dudit monastère, de même que les autres habitans de ladite ville tiennent les maisons qu'ils habitent dans la ville, de Saint-Geraud, du monastère et du susdit abbé, sauf le droit qu'auront monseigneur l'abbé et ses successeurs et les officiers de sa justice, pour faire acquitter les arrérages du cens qui seraient dus pour les émolumens dudit poids, de faire arrêter les émolumens dudit poids, de saisir ladite maison et de la mettre en sa main, toutes les fois qu'il sera dû des arrérages, et de la retenir en sa main jusqu'à ce qu'il sera satisfait des arrérages à lui dus

Mais une fois satisfait et payé, la saisie, la main mise et toute espèce d'empêchement établi par lui ou par eux, seront par ce seul fait considérés comme non avenus et annullés, comme aussi pour quelque autre motif, raison ou cause que ce soit, il ne sera permis à monseigneur l'abbé ou ses successeurs, ni à ses gens, de saisir et

nec ad manum suam ponere dictam domum nec emolumenta dicti ponderis, nisi causæ cognitione præcedente et pertinente et licitâ. Et quocumque casu ponentur ad manum, fieret impune officium ponderis, pro ut ante manus appositionem, scilicet quod ponderaretur per ponderatores ad hoc priùs deputatos, et emolumenta sub dictâ manu ponerentur et tenerentur in tuto per probos viros, non de raubis nec de familiâ dicti domini abbatis. Et si contingeret manum dicti domini abbatis per ipsum, successores, gentes ve suas, in dictâ domo aut emolumentis ponderis de facto, sine causæ cognitione poni, alio colore quam arreragiorum, quod haberetur pro non apposita, ac si non poneretur, et impune esset.

Item quod dicti pro tempore consules, eligent duos probos viros anno quolibet et quotiens opus erit; qui, vel unus ex ipsis, dictum bladum et farinam cum dicto pondere habebunt suo tempore ponderari. Qui quidem probi viri habebunt presentari, per dictos consules, dicto domino abbati et ejus successoribus, seu ejus vicario. aut judici, aut bajulo, et in alteriùs eorum manibus jurabunt, et in præsentiâ dictorum consulum aut duorum ex ipsis, si esse voluerint, (infrà octo dies postquam electi fuerint,) quod bene et legaliter dictum ponderationis officium exercebunt; absque fraude et lezione quibuscumque, cessantibus que odio, timore, gratiâ aut favore. Et antequam, præfertur, juraverint, non valeant suum officium exercere. Si verò dicti, dominus abbas, vicarius, judex seu bajulus dictum juramentum indebite recipere recusarent, aut morose et sine justâ causâ differrent, loco et tempore congruis penitus requisiti, quod eo casu, dicti consules dictum juramentum recipere valeant, vice et nomine dicti domini abbatis, illa vice duntaxat, seu vicibus quâ seu quibus, dictum juramentum recipere recusarent aut differrent indebite et morose; et dictis electis ponderare liceat, perinde ac si dominus abbas ab eis recepisset idem juramentum. Et hæc totiès fiant quoties opus erit ponderatoribus præce-

mettre en ses mains ladite maison et les revenus dudit poids, si ce n'est après jugement préalable et pour cause licite et légale, et lorsqu'il l'aura mise en ses mains, l'office dudit poids n'en continuera pas moins comme avant la saisie; c'est-à-dire que les peseurs qui auront été choisis à cet effet continueront à peser et recevoir les droits qui seront perçus et soigneusement gardés sous ladite main, par des personnes honnêtes, étrangères à la maison et à la robe dudit monseigneur l'abbé.

Et s'il arrivait que monseigneur l'abbé lui-même ou ses successeurs, ou quelques-uns de leurs officiers, vinssent à saisir ladite maison ou les revenus du poids, de voie de fait et sans jugement préalable, ou pour toute autre cause que pour les arrérages du cens, cette saisie serait comme non avenue, comme n'existant pas et ne produirait aucun effet.

Item que les consuls en charge élisent chaque année, et toutes les fois que cela sera nécessaire, deux honnêtes personnes; lesquelles ou l'une d'elles seront chargées dudit poids et devront, pendant le temps susdit, peser le blé et la farine. Ces prud'hommes devront être présentés par les consuls audit monseigneur l'abbé et à ses successeurs, ou à leur vicaire, juge ou baile, et jurer entre les mains de l'un des susnommés, en présence des consuls ou de deux d'entre eux, s'ils veulent y être présens, dans la huitaine, à partir de leur nomination, qu'ils exerceront bien et loyalement ledit office, sans fraude ni lésion quelconque, et en mettant de côté toute animosité, crainte, grâce et faveur. Et avant d'avoir prêté le susdit serment, ils ne pourront entrer en fonction. Si néanmoins lesdits monseigneur l'abbé, son vicaire, son juge ou le baile, se refusaient injustement à recevoir d'eux ledit serment, ou par humeur et sans juste cause différaient de le recevoir, quoique requis en temps et lieu convenables, qu'en ce cas lesdits consuls puissent recevoir le serment susdit, pour et au nom de monseigneur l'abbé, pourvu toutefois qu'ils ne le fassent que lorsque monseigneur l'abbé ou ses représentans refuseraient ou différeraient de recevoir ledit serment par humeur et sans motifs. Alors il sera permis aux élus de faire l'office de peseurs tout comme si l'abbé avait reçu leur serment, et

16

dentis anni suum officium exercentibus, quo usque à successoribus suis, juxtà præmissa receptum fuerit juramentum.
Et in casu quo ponderatores præsentis anni nollent aut non
possent dictum officium exercere, quod eo casu et casibus,
liceat dictis consulibus qui pro tempore fuerint, alium seu
alios vice et nomine dicti domini abbatis ponere, et juramentum ab eo aut eis recipere, et talis ponderare possit
quousque a novis electis receptum fuerit per dictum abbatem, vicarium, judicem aut bajulum hunc ce juramentum.

Item quod omnes et singuli habitatores dictæ villæ et pertinentiarum ejusdem teneantur necessarium bladum quod moli
facient et farinam facere ponderare ad dictum pondus, exceptis domino abbate, et conventu, decanis, conreariis,
et aliis monachis ac etiam aliis personis quæ non tenentur,
secundum alias compositiones quæ pax villæ nuncupantur,
contribuere in talhiis seu collectis villæ prædictæ. Quæ quidem personæ exceptæ, bladum et farinam quod et quam,
pro eorum seu sui hospitii expendent necessitatibus, non
tenebuntur adportare nec ponderare ad pondus prædictum,
et si dictum bladum et farinam ad dictum pondus portare
et ponderare, et reponderare vellent non tenebuntur aliquid
solvere ratione ponderationis et reponderationis prædictorum. Imo dicti ponderatores tenebuntur ea liberè ponderare
et reponderare absque cujuscumque emolumenti receptione
et sine dilatione morosâ quâcumque.

Item quod domini molendinores habitantes nunc, seu pro
tempore in suis molendinis, aut contiguè dictis molendinis,
et molenarii tenentes nunc, seu pro tempore, molendinia
prædicta, non teneantur bladum suum et farinam ad victum
suum et hospitii necessaria portare et reportare ad dictum
pondus, sed teneantur solvere pro pondere tantum quantum
ascenderet emolumenta dicti ponderis anno quolibet si ibi
ponderarent, habitâ consideratione bladi quod expendere
deberent communiter quolibet anno.

Item et quod habitatores locorum de Buxo et St-Stephani
non teneantur adportare blada sua ad dictum pondus nisi

l'on agira ainsi toutes les fois que les peseurs de l'année précédente, terminant leur exercice, leurs successeurs n'auront pas encore prêté le serment qui leur est ci-dessus imposé, comme aussi lorsque ceux de l'année présente ne pourront ou ne voudront faire leur office ; alors et dans tous ces cas, les consuls qui seront en charge pourront en leur place en nommer un ou plusieurs autres, et au nom de monseigneur l'abbé recevoir le serment soit d'un, soit de plusieurs, qui rempliront ledit office jusqu'à ce que monseigneur l'abbé, son vicaire, juge ou baile, aura reçu le serment qui est exigé de nouveaux élus.

Item que tous et chacun, les habitans de ladite ville et de ses appartenances, soient tenus de faire peser audit poids public le blé nécessaire à leur usage qu'ils voudront faire moudre, et la farine qui en proviendra, exceptés monseigneur l'abbé, le couvent, les doyens, les officiers, les choristes et les autres moines, comme aussi les personnes qui ne sont pas assujetties, d'après les traités que l'on appelle paix de la ville, à contribuer aux tailles et impositions assises sur la ville. Lesquelles personnes ainsi exceptées ne seront pas tenues d'apporter au poids le blé et la farine qu'elles consomment pour leur usage et pour celui de leur maison, ni de les faire peser audit poids, mais si elles voulaient porter leur blé et leur farine et les faire peser et repeser audit poids, elles ne pourraient être contraintes à rien payer à raison du pesage et du repesage susdit. Au contraire, lesdits peseurs seront tenus de peser et repeser leur blé et leur farine sans exiger d'elles aucune espèce de rétribution et sans aucun retard ni humeur.

Item que les maîtres meuniers qui habitent maintenant ou habiteront leurs moulins ou proche leurs moulins, et les garçons meuniers qui tiennent maintenant, ou tiendront dans la suite lesdits moulins, ne soient pas tenus de porter et reporter audit poids le blé et la farine nécessaires à leur nourriture et à celle de leur famille, mais qu'ils soient obligés de payer pour le poids une somme égale à celle qu'ils auraient raisonnablement payée s'ils les y avaient portés, eu égard à la quantité de blé qu'ils doivent communément dépenser chaque année.

Item que les habitans du Buys et de St-Etienne ne soient pas

velint, in casu tamen quo adportarent, quod teneantur solvere, sicut alii habitantes dictæ villæ.

Item quod dicti ponderatores recipient et recipere poterunt et debebunt tantum modò duos denarios turonensis monetæ pro tempore currentis, aut unum si dictis consulibus expediens videretur, de et pro quolibet sestario cujuscumque bladi in farinam redacti, et secundum magis et minus pro majori vel minori quantitate bladi, salvo quod de unâ solâ quartâ cujuscumque bladi et unâ eminâ avenæ ponderandâ et eorum farinâ reponderandâ nihil recipere et exigere valeant neque possint quo vis modo. Cum imo unam quartam cujuscumque bladi et eminam avenæ et eorum farinam ponderare et reponderare ad dictum pondus libere teneantur, nisi ex multiplicatione ponderationis uniùs quartæ cujuscumque bladi et eminæ avenæ et eorum farinæ notoriè appareret de fraude in dictâ ponderatione committendâ.

Item quod dicti ponderatores possint, et eis licitum sit farinam ponderatam per ipsos, penes se licite retinere impune, donec eisdem satisfactum fuerit de omni eo quod levare debebunt ratione præmissâ.

Item quod de emolumentis ex dicto pondere pro tempore provenientibus, levandis per dictos ponderatores, seu alios per dictos consules dictæ villæ deputandos ad hoc, dominus abbas et sui successores viginti libras turonenses renduales habeant et recipiant in et super dicto pondere et ejus emolumentis, perpetuò in festo nativitatis Domini annuatim. Ita tamen quod consules qui sunt et erunt pro tempore dictæ villæ, quindecim libras turonenses renduales infrà oratoria dictæ villæ, aut extrà, infrà tamen juridictionem dicti domini abbatis, in bonis locis et sufficientibus, dictas quindecim libras turonenses benè valentibus, absque tamen aliâ fraude vel alio prejudicio monasterii, acquirere valeant impune quocumque velint, et ipsas quindecim libras turonenses renduales acquisitas per ipsos consules, dictus dominus abbas seu ejus pro tempore successores pro dictis quindecim libris sic ab acquisitoribus percipiendis per dictum dominum abbatem et ejus successores tempo-

tenus de porter leurs blés audit poids, s'ils ne le veulent, mais s'ils les apportent, ils payeront comme tous les habitans de la ville.

Item les susdits peseurs ne recevront, ne pourront et ne devront recevoir que deux deniers tournois de la monnaie courante, et un seul, si les consuls le jugent convenable, sur et pour chaque septier de quelque blé que ce soit réduit en farine, sauf à augmenter ou diminuer proportionnellement, selon qu'on leur en fera peser une plus grande ou moindre quantité. Toutefois, pour une seule quarte de quelque blé que ce soit, et une émine d'avoine seulement qu'on leur ferait peser et repeser après avoir été réduites en farine, ils ne pourront rien recevoir, rien exiger, absolument rien demander. Et seront au contraire tenus de peser une quarte de blé quel qu'il soit et une émine d'avoine et de les repeser gratuitement audit poids, à moins que par la fréquente répétition du pesage d'une quarte de toute sorte de blé et d'une émine d'avoine, et de la farine qui en serait provenue, on ne tendit évidemment et notoirement à frauder ledit poids.

Item que les peseurs susdits puissent et soient autorisés à retenir en leurs mains la farine qu'ils auront pesée et à la garder impunément, jusqu'à ce qu'ils auront été satisfaits de tout ce qui leur sera dû pour les choses susdites.

Item que sur les revenus que doit produire à l'avenir le susdit poids, et qui seront perçus par les peseurs, ou par d'autres personnes que les consuls pourront déléguer ad hoc, monseigneur l'abbé et ses successeurs reçoivent et retiennent vingt livres tournois de rente annuelle sur ledit poids et sur ses revenus, payables à perpétuité le jour de la Nativité de Notre-Seigneur, à condition cependant que les consuls actuels et leurs successeurs à l'avenir pourront acquérir quinze livres tournois de rente, dans ou hors les oratoires de la ville d'Aurillac, toutefois dans l'étendue de la justice de monseigneur l'abbé, sur des biens libres et suffisans, pouvant bien rapporter lesdites quinze livres de rente, sans fraude et sans aucun préjudice pour le monastère. Et lesdites quinze livres de rente ainsi acquises par les consuls, le susdit monseigneur l'abbé actuel et ses successeurs à l'avenir seront tenus de les accepter en échange et de percevoir les-

ribus quibus dicti redditus erunt solvi consueti, teneantur quindecim libras turonenses renduales, de dictis viginti libris turonensibus cum dictis consulibus permutare.

Et dictâ permutatione factâ ipsos consules ac consulatum et pondus prædictum quittare de dictis quindecim libris, ut præmittitur permutandis cum dictis quindecim libris rendualibus per dictos consules acquirendis, quâcumque prescriptione temporis non obstante. Residuis verò centum solidis turonensibus rendualibus, per in perpetuum in et super dicto pondere remanentibus et percipiendis nomine census ejusdem dicti ponderis anno quolibet in festo nativitatis Domini, per dictùm dominum abbatem et successores ejusdem.

Item quod de emolumentis prædictis conventus monasterii aureliacensis percipiat annuatim in festo nativitatis Domini centum solidos turonenses renduales, super dicto pondere et emolumentis ejusdem, donec eidem conventui satisfactum integrè fuerit de centum libris turonensibus semel tantum. In et de valore monetæ currentis, in festo annunciationis beatæ Mariæ, de anno Domini millesimo trecentesimo quadragesimo sexto, non obstantibus quibuscumque ordinationibus factis seu faciendis per dominum nostrum regem super cursum monetarum suarum, quibus ordinationibus, medio juramento renuntiaverunt. Et si debatum esset, in et super valore dictæ monetæ dictarum centum librarum turonensium, quòd de et super ujusdem modi debato dictæ partes stare deberent esgardo et cognitioni domini abbatis dicti monasterii qui tunc esset. Et satisfacto de dictis centum libris turonensibus semel, dictum pondus et emolumenta ex inde provenientia sit liberum et quittum libera et quitta a prestatione et solutione dictorum centum solidorum turonensium rendualium, dicto conventui, ut præfertur, debitorum.

Item quod totum residuum quod super erit de emolumentis prædictis habeant et percipiant, habere et percipere libere perpetuò possint et debeant consules qui sunt et qui pro tempore erunt in dictâ villâ, et ea expendere et convertere valeant et debeant in reparatione seu refectione muro-

dites quinze livres de rente sur biens-fonds, payables aux époques
où les propriétaires étaient dans l'usage de les acquitter, et de les
permuter contre quinze livres de rente annuelle en tant moins des
vingt livres tournois de rente que devaient leur payer lesdits consuls.

Et cet échange fait, de tenir quittes les consuls, le consulat et le
poids desdites quinze livres, qu'ils promettent et s'engagent à échanger
avec les susdites quinze livres de rente à acquérir par les consuls,
nonobstant toute espèce de prescription qui pourrait intervenir
Quant aux cent sols tournois de rente qui resteront, ils seront à
perpétuité assignés sur ledit poids pour être payés à titre de cens,
par ledit poids et chaque année, le jour de la Nativité de Notre-
Seigneur, au susdit monseigneur l'abbé et à ses successeurs.

Item que sur les revenus susdits, le couvent du monastère d'Aurillac perçoive chaque année, le jour de la Nativité de Notre-Seigneur,
cent sols tournois de rente sur ledit poids et ses revenus, jusqu'à ce
que ledit couvent soit entièrement payé, et en un seul paiement,
de cent livres tournois, de la monnaie courante, qui lui sont dus
depuis la fête de l'Annonciation de la Vierge, treize cent quarante-
six, nonobstant quelque ordonnance que ce soit, faite ou à faire
par notre sire le roi de France sur le cours de ses monnaies, aux-
quelles ordonnances les parties ont renoncé par serment.

Et s'il y avait litige sur et à l'occasion de la valeur de ladite monnaie desdites cent livres tournois, sur ce débat lesdites parties devront s'en rapporter à l'avis et à la décision de monseigneur l'abbé
qui présiderait alors le monastère. Et lorsque lesdites cent livres
tournois auront été une fois payées, ledit poids et les revenus qui en
proviendront seront quittes, libres et déchargés du paiement annuel
de ladite rente de cent sols tournois qui devra jusques là être payée,
comme il est dit, au couvent.

Item que les consuls qui sont maintenant, et ceux qui seront plus
tard nommés dans ladite ville, touchent et perçoivent, puissent et
doivent percevoir librement tout ce qui restera des revenus du poids
susdit, et qu'ils aient le droit de les employer à la réparation et à la
réfection des murs, des fossés et des rues de la ville, et aux autres

rum et fossatorum et carreriarum dictæ villæ, et in aliis necessitatibus et negotiis communibus dictæ villæ.

Hoc tamen excepto quod pecuniam quam de dictis emolumentis recipient ipsi consules non debebunt nec poterunt
convertere nec ponere in litigiis, si haberent, quod absit,
pro tempore consules seu universitas dictæ villæ contrà
dictum dominum abbatem aut ejus successores, aut contrà
conventum, aut aliquem de religiosis dicti monasterii, neque in aliquâ aliâ re, causâ, lite seu negotio quæ forent
prejudicialia domino abbati et successoribus suis, aut conventui, aut alicui alii de monasterio ante dicto; et sub pænâ
centum marcharum argenti dicto domino abbati et ejus
successoribus totiès quotiès contrarium fieret per dictos
consules, seu et deputatos ab eisdem applicandâ et exsol-
vendâ, et ab ipsis consulibus exigendâ. Quod quidem emo-
lumentum dicti consules habeant non tamen ut sint partenarii
seu participes alicujus juridictionis in hanc causam, sed pro
labore et custodiâ et diligentiâ quam adhibebunt in præmissis
et de causis superiùs expressatis.

Et nihil ominus deputati per dictos consules ad recipiendum emolumenta prædicta jurabunt in manu domini
abbatis, vicarii aut judicis, quod si quovis modo scirent,
aut aliter cognoscerent seu aliter quovis modo ad eorum
notitiam venire posset, quod illa emolumenta converterentur
contrà monasterium ac personas superiùs nominatas, quod
hæc haberent revelari domino abbati prædicto aut vicario
seu judici ejusdem. Quam quidem pænam centum marcharum argenti procuratores et syndici dictorum consulum et
communitatis dictæ villæ vice et nomine prædicto promiserunt dare et solvere solenni stipulatione interveniente procuratoribus et syndicis dictorum dominorum abbatis et
conventus vice et nomine dictorum domini abbatis et conventus et successorum suorum stipulantibus, totiens quotiens in contrarium fieret per dictos consules qui nunc sunt
et qui pro tempore erunt seu etiam deputatos aut deputandos ab eisdem. Quam pænam voluerunt et consenserunt
committi, in solidum et cum effectu, totiens quotiens per
dictos consules dictæ villæ, qui nunc sunt et qui pro tem-

nécessités ou affaires communes de ladite ville, à la charge cependant par lesdits consuls qu'ils ne pourront ni ne devront employer
les fonds provenant des revenus susdits aux frais des procès, s'ils en
avaient, ce qu'à Dieu ne plaise, contre ledit monseigneur l'abbé et
ses successeurs, ou contre le couvent, ou contre quelques religieux
du monastère, ni à aucune chose, procès, cause ou affaire qui pût
être préjudiciable à monseigneur l'abbé ou à ses successeurs, ou au
couvent, ou à quelque membre du monastère. Le tout sous la convention pénale de cent marcs d'argent payables à monseigneur l'abbé et
ses successeurs, autant de fois que les consuls ou leurs délégués contreviendront à ce qui vient d'être dit, et qui sera encourue, payée et
acquittée par les susdits consuls.

Les consuls recevront les émolumens dudit poids sans cependant
participer à cet égard à aucune juridiction ; mais en récompense de
leurs labeurs et du soin qu'ils apporteront à sa conservation et à l'observation de tous les réglemens ci-dessus faits.

Et néanmoins ceux qui seront choisis par les consuls pour recevoir
les susdits émolumens, jureront entre les mains de monseigneur
l'abbé, de son vicaire ou de son juge, que s'ils venaient à savoir,
par quelque moyen que ce soit, ou s'ils reconnaissaient, n'importe
comment, ou si, de manière ou d'autre, il venait à leur connaissance
que ces émolumens fussent employés contre le monastère ou contre
quelqu'une des personnes ci-dessus nommées, ils s'empresseraient
d'en instruire monseigneur l'abbé, son vicaire ou son juge. Laquelle
peine de cent marcs d'argent les procureurs et syndics desdits consuls
et de la communauté de ladite ville, pour et au nom de leurs mandans, ont promis payer et solder par une solennelle stipulation aux
procureurs et syndics desdits monseigneur l'abbé et du couvent,
stipulant pour et au nom desdits monseigneur l'abbé, du couvent et
de leurs successeurs, toutes et quantes fois qu'il serait fait le contraire
par lesdits consuls qui sont en charge et ceux qui le seront par la
suite, ou par ceux qui sont et seront délégués par eux. Ils ont voulu et
consenti que cette peine fut encourue en entier et réellement, autant
de fois que les consuls actuels de ladite ville et ceux qui le seront à
l'avenir ou leurs délégués actuels et futurs contreviendront au pré-

17

pore erunt, seu etiam deputatos aut deputandos ab eisdem, contrà contenta in præsenti articulo fieret, et quod pæna commissa et exacta semel et pluriès, nihil ominus contenta in hujusdem compositione et articulo haberent perpetuam firmitatem, et quod pars dictorum consulum et communitatis dictæ villæ in dictam pænam incidat et eam solvere teneatur totiens quotiens contrà fieret, ut est dictum. Et si contingebat contrà prædictam partem dictorum dominorum abbatis et conventus et successorum suorum facere et venire ; quod ad desistendum et observandum suprà dicta, et ea reponendum in statu compellatur. Et omnia superiùs dicta rata remaneant et firma, et quod neutra partium prædictarum quæcumque possit opponere contrà aliam, quominus teneantur perpetuò et serventur omnia et singula contenta in præsenti compositione et stipulatione pænali et ad solutionem ejusdem pænæ totiens quotiens contrà fieret, et ad desistendum, nec contrà dictos dominum abbatem et conventum et successores eorumdem seu singulares personas dicti monasterii, dicti consules qui nunc sunt seu qui pro tempore erunt seu deputati aut deputandi ab eisdem, aliquo unquam tempore expendent de pecuniâ et emolumento exigendo et levando de dicto pondere bladi et farinæ de quo suprà habetur mentio, voluerunt, concessunt et consenserunt dicti procuratores et syndici dictorum consulum et communitatis dictæ villæ vice et nomine communitatis et consulum prædictorum, se, nomine dicto, et dictos consules qui nunc sunt et qui pro tempore erunt, et communitatem dictæ villæ, compelli per nos et successores nostros et per dominum ballivum qui est et pro tempore erit montanorum Arverniæ et per quemlibet eorumdem, communatim seu divisim, ex mero officio, simpliciter et de plano, ad requestam alicujus partis, sine monitione, libello et disceptatione quâcumque, et aliter pro ut certam finem compositionis hujus modi continetur.

Item quod de emolumentis prædictis, dictis consulibus remanentibus, dicti consules habebunt satisfacere dictis ponderatoribus, et ponderatoribus pastæ seu panis inferiùs

sent article, et que ladite peine encourue et payée une ou plusieurs fois, ce qui est contenu dans le présent article et dans le présent accord, n'en soit pas moins ferme et obligatoire à perpétuité, et que du côté des consuls et de la communauté de ladite ville, ladite peine soit encourue et qu'ils soient tenus à la payer pour chaque contravention, comme il vient d'être dit. Et s'il arrivait que la partie adverse, c'est-à-dire monseigneur l'abbé, les moines ou leurs successeurs fissent ou fissent faire quelque chose de contraire au présent accord, qu'ils soient contraints à s'en désister, à observer ce qui vient d'être dit, et à remettre le tout en état. Et qu'ainsi tout ce qui vient d'être accordé demeure ferme et stable, et qu'aucune des parties, quelle qu'elle soit, ne puisse opposer à l'autre qu'elle n'est plus obligée de garder et observer à l'avenir toutes et chacune des choses contenues dans la présente composition. Et pour garantie de la stipulation pénale qui doit être payée toutes les fois que les consuls y contreviendront, et de l'action en désistement, et de l'obligation envers ledit monseigneur abbé, les moines et leurs successeurs, et envers chaque membre du monastère, par les consuls actuels et leurs successeurs, par ceux qu'ils ont déjà délégués et délégueront dans la suite, de n'employer jamais aux usages interdits ci-dessus la moindre partie des revenus qu'ils lèveront et retireront du poids du blé et de la farine; lesdits syndics ont voulu et consenti, veulent et consentent, ainsi que les procureurs desdits consuls, de la communauté et de la ville, pour et au nom de ladite communauté et des consuls, être contrains eux-mêmes, audit nom, et les consuls actuels comme ceux qui le seront par la suite, et enfin la commune elle-même par nous et nos successeurs, par monseigneur le bailli des montagnes d'Auvergne qui est en charge, et par ceux qui lui succéderont et par qui que ce soit des susnommés, à exécuter les choses susdites, tous ensemble ou séparément, d'office simplement et de plein droit, et sur la requête de l'autre partie, sans avertissement, libelle, ni discussion aucune, par toute voie enfin qui puisse assurer l'exécution du présent accord.

Item qu'au moyen des susdits revenus, restés libres entre les mains des consuls, ceux-ci soient tenus de solder aux peseurs susdits ainsi qu'à ceux de la pâte et du pain dont il sera parlé plus bas, un salaire

expressatis pro labore suo et salario competenti per ipsos consules eisdem ponderatoribus statuendo.

Item quod dicti consules de emolumentis quæ provenient ex dicto pondere successoribus suis et consilio et nemini alteri, quem ad modum de talliis communibus dictæ villæ est consuetum acthenùs fieri, reddere comptum teneantur.

Item quod quicumque de habitatoribus dictæ villæ seu pertinentiis ejusdem, exceptis personis et locis ac minimis quantitatibus bladorum et farinæ superiùs exceptatis, non portaverint, aut portare procurarent seu facerint dictum bladum ad dictum pondus et ibidem ponderare priusquam molatur; nec non et quicumque molenerii ac etiam nuntii eorum, qui farinam ex dicto blado redactam non reportaverint seu reportare et reponderare ad dictum pondus non fecerint, quilibet delinquentium, seu fore facientium in hiis, et pro qualibet vice, triginta solidos turonenses pro pænâ, dicto domino abbati et ejus successoribus dare et solvere teneatur, et nihil ominus quarta pars dicti bladi seu farinæ, casu quo de consensu illius cujus erit bladum fraus fieret, per bajulum et consules prædictos erogatur pauperibus existentibus infrà parrochiam et oratoria dictæ villæ, aut in alios pios usus convertatur.

Ponderatores verò ac molinerii ac etiam nuntii eorum seu quicumque alii, si fraudem aliquam contra præmissa aut aliquem eorum facere contingeret, aut aliter officium suum aut administrationem bene et fideliter non administrarent, possint per curiam dicti domini abbatis puniri legaliter, vocatis consulibus aut duobus ex ipsis ac præsentibus si esse voluerint, pro ut in articulo de enquestis posito in pace seu compositione antiquâ continetur.

Item quod prædicti ponderatores, præsentibus dictis consulibus, aut duobus ex ipsis jurent, et jurare habeant et teneantur, nec non molenerii et eorum nuntii domino abbati, aut judici, aut bajulo ejusdem domini abbatis modo et forma qui et quæ sequuntur.

Item jurabunt dicti ponderatores dicti ponderis quolibet anno, in suâ novâ creatione, et præsentibus dictis consulibus si adesse volunt, quod ipsi bene et legaliter pondera-

proportionné à leur peine et à leur travail, lequel sera réglé par les consuls.

Item que lesdits consuls n'auront à rendre compte qu'à leurs successeurs et au conseil, et à personne autre, des revenus qu'ils retireront dudit poids, de même qu'ils ont coutume de rendre compte des tailles communes de ladite ville.

Item que tout habitant de la ville d'Aurillac et de ses appartenances, à l'exception seulement des personnes, des lieux et des petites quantités ci-dessus dispensées, qui ne porterait pas ou ne ferait pas porter son blé audit poids pour le faire peser avant de le moudre, et tout meunier ou domestique de meunier qui ne rapporterait pas ou ne ferait pas rapporter audit poids, pour la repeser, la farine provenue dudit grain, que chacun des délinquans susdits, soit qu'ils aient commis le délit eux-mêmes ou qu'ils l'aient fait commettre, et pour chaque fois, paye trente sols tournois d'amende à monseigneur l'abbé et à ses successeurs, et soit contraint à les payer. Et que néanmoins, au cas où la fraude aurait été commise avec le consentement du propriétaire du blé ou de la farine, le quart desdites denrées soit distribué par le bayle et les consuls aux pauvres qui existeront dans la paroisse ou les oratoires d'Aurillac, ou soit employé à d'autres pieux usages.

Quant aux peseurs, aux meuniers et à leurs domestiques, et à toutes autres personnes qui commettraient quelque fraude contre ce qui vient d'être ordonné ou seulement contre un des articles ci-dessus, ou qui, de toute autre manière, ne s'acquitteraient pas de leur office avec loyauté et de bonne foi, ils pourront être légalement punis par la cour de monseigneur l'abbé, les consuls appelés et présens, ou d'eux d'entre eux, s'ils le veulent, comme il est dit à l'article des enquêtes dans la paix ou composition ancienne.

Item que les susdits peseurs, en présence des consuls ou de deux d'entre eux, jurent et soient obligés et tenus de jurer, comme aussi les meuniers et leurs domestiques, entre les mains de monseigneur l'abbé, de son juge ou de son baile, en la manière et la forme qui suivent.

Et d'abord les peseurs dudit poids jureront chaque année à leur nomination, en présence des consuls s'ils veulent être présens, qu'ils

bunt totum bladum et totam farinam quod et quæ ad dictum
pondus adportabuntur pro ponderando et reponderando,
cessantibus odio, gratiâ et favore, et quod si reperiebatur
per eosdem seu alterum eorumdem farinam quæ adporta-
bitur per molenerios pro reponderando ad dictum pondus,
minus ponderare quam debet, deductâ moldurâ et aliis per
molenerios debite percipi consuetis; quod ipsi non sustinebunt quod animalia quæ deferrent dictam farinam rece-
dant de domo dicti ponderis, quousque illud quod deficiet
de dictâ farinâ esset restitutum illi cujus esset dicta farina
aut ejus nuntio, posito quod ille aut illa cujus esset dicta
farina, aut ejus nuntius quittarent hujus modi defectum moleneriis ante dictis.

Item quod in casu quo eis committetur per dictos consules
quod levarent emolumenta dicti ponderis ipsi omnes denarios quos habebunt et accipient de dicto emolumento dicti
ponderis, ponent incontinenter post receptionem eorumdem in sacco seu cartâ ibidem statuto seu statutâ per dictos
consules et in presentiâ personarum quæ eadem emolumenta
solvent, et quod non permittent aliquid moveri de dicto
sacco seu cartâ, nisi per dictos consules seu mandatum eorum.

Item quod in casu quo aliquis aut aliqua conquereretur
quod bladum suum non esset bene moltum, aut aliquid
esset illi immixtum, et ponderatoribus videretur colo-
ratam esse querelam; quod ipsi ponderatores retinebunt
animalia quæ adportabant dictam farinam et dictam farinam
quòusque custodes dicti ponderis hoc scivissent et respexis-
sent si erat bene moltum, aut alliquid esset illi immixtum
aut non, et declarassent et emendare fecissent damnum in
quo molenerius posset teneri. Ratione præmissorum et absentibus custodibus, ad ponderatorem dicta summaria cog-
nitio pertineat. Ita tamen quod si de cognitione dictorum
custodum aut ponderatorum quærela exponetur quod suprà
hæc curia domini abbatis habeat quod justum fuerit ordi-
nare, et animalia relaxare receptis pignoribus statim ven-
dendis pro præmissorum emendâ si eidem curiæ videatur
faciendum.

Item quod si aliqua fraus, seu dolus aut damnum fieret

péseront bien et loyalement tout le blé et toute la farine que l'on portera audit poids pour les peser et repeser, sans se laisser aller à aucune animosité, grâce ou faveur, et que s'ils reconnaissaient tous ensemble, ou l'un d'entre eux seulement, que la farine qui leur est rapportée par les meuniers, pour la repeser audit poids, pèse moins qu'elle ne devrait, déduction faite de la mouture et autres droits que le meunier a coutume de recevoir ; ils ne permettront pas que les animaux qui ont porté ladite farine soient ramenés chez eux avant que le déficit qu'ils auront constaté soit restitué au propriétaire de la farine ou à son mandataire, à moins que ceux-ci ne tinssent quitte le meunier de ce qui pourrait manquer à leur farine.

Item dans le cas où les consuls confieraient aux peseurs le soin de percevoir eux-mêmes les revenus du poids, ceux-ci jureront de déposer incontinent, et en présence des personnes qui feront les paiemens, tons les deniers qu'ils recevront et recouvreront, dans le tronc ou la tire-lire que les consuls auront placée ou établie dans ledit poids, et de ne permettre à personne de toucher auxdits tronc ou tire-lire et d'en rien ôter, si ce n'est aux consuls eux-mêmes ou à leur mandataire.

Ils jureront encore, que dans le cas où quelqu'un se plaindrait de ce que son blé n'est pas bien moulu, ou de ce qu'on y aurait mêlé quelque substance étrangère, et que cette plainte leur paraîtrait fondée, de retenir eux-mêmes les animaux qui auraient porté ladite farine, et la farine elle-même, jusqu'à ce que les gardiens du poids, prévenus, auront examiné si le blé était bien moulu et si la farine n'était pas mélangée, auront donné leur avis et fait réparer le dommage que le meunier pourra avoir causé. En l'absence des gardiens, cette enquête sommaire devra être faite par les peseurs, à condition toutefois que si à cette occasion les parties ne s'accordant pas il devait y avoir procès ; la connaissance du litige appartiendrait à la cour de monseigneur l'abbé qui aurait à faire droit, et à ordonner que les animaux saisis seraient relâchés après que leur maître aurait donné des gages qui devront être vendus pour payer l'amende, si la cour croit devoir en prononcer une.

Ils jureront encore que s'il se commettait quelque fraude, dol ou

in dicto pondere, aut aliis pertinentibus dicto ponderi, quod
ipsi hæc manifestabunt dicto domino abbati, seu judici, procuratori aut bajulo ejusdem, et dictis consulibus, tam scito
quam ipsi ponderatores hæc scirent aut cognoscerent, et
quod aliquam personam non celabunt de hujus modi fraude,
seu dolo aut damno.

Item quod ipsi non manifestabunt dictis moleneriis nec
ductoribus bestiarum quantum ponderabunt blada per ipsos
ponderata nisi quando farina fuerit reponderata, nec tunc
nisi in casu quo reperiretur dictam farinam non reddi justè
secundum pondus; illi tamen cujus bladum erit quantum
ponderat manifestabunt ad partem, absentibus moleneriis
seu ductoribus ante dictis.

Item quod si in personis eorumdem ponderatorum legitime reperiebatur, quod per eorum artem aut subtilitatem,
aut alterius eorum, aut per aliquem ipsis scientibus et celantibus; in dicto pondere aut pertinentia eidem ponderi
fieret fraus, seu dolus, et ipsi tam scitò quam hæc scirent,
non denuntiarent curiæ et consulibus dictæ villæ. Hujus
modi fraudem seu dolum; his casibus et quolibet eorumdem,
ipsi ex nunc aut ex tunc se subponunt pænæ et emendæ quæ
per judicem seu curiam dicti domini abbatis imponetur ipsis
aut bonis suis, vocatis consulibus ut in pace in articulo en-
questarum, factâ tamen cognitione super præmissis summariâ et de plano et sine strepitu judicii et figurâ.

Item jurabunt dicti molenerii farinerii que et eorum
nuntii in manibus dicti domini abbatis, aut ejus vicarii, judicis, seu bajuli, vocatis dictis consulibus et præsentibus,
si adesse voluerint, quod ipsi bene et fideliter molent, sal-
vabunt et custodient de diminuando et deteriorando totum
bladum et farinam quod eis tradetur et commendabitur pro
molendo et pro portando ad molendinum, in quo ipsi mo-
rabuntur, et pro reportando farinam ad pondus prædictum.

Item jurabunt quod totum bladum habitantium dictæ villæ
et ejus pertinentiarum quod eis tradetur pro molendo ipsi
portabunt, aut portare facient ad dictum pondus, et facient
ipsum ponderare antequam ipsum advertent ad molendinum-
excepto de personis, lucis et quantitatibus exemptatis in compositione præsenti.

dommage dans ledit poids ou à son occasion, ils se hâteront de le faire connaître à monseigneur l'abbé, à son juge, procureur ou baile et aux consuls, aussitôt que lesdits peseurs en auront connaissance et qu'ils ne recéleront qui que ce soit qui aurait commis la fraude, le dol ou le dommage susdit.

Que de plus ils ne feront pas connaître aux meuniers et aux conducteurs de bestiaux le poids des blés qu'ils auront pesés, si ce n'est lorsque la farine en provenant aura été repesée, et même alors dans le cas seulement où ils ne trouveraient pas que cette farine concorde avec le poids du blé. Mais ils diront toujours au propriétaire, en le prenant à part, et hors la présence du meunier et des conducteurs, le poids de son blé.

Item que si l'on acquérait la certitude que les peseurs ou que l'un d'eux, par adresse ou subtilité, commissent des fraudes dans ledit poids ou à son occasion, ou qu'ils se prêtassent à la fraude, ou, que la connaissant, ils ne s'empressassent pas de la dénoncer à la cour et aux consuls. Dans tous ces cas et dans chacun d'eux, dès aujourd'hui et quand il y aura lieu, ils sont subrogés à la peine et à l'amende que le juge et la cour de monseigneur l'abbé prononceront contre eux et contre leurs biens. Les consuls présens, comme il est dit à la paix à l'article des enquêtes, et après une enquête sommaire sur les faits reprochés, faite de suite, sans délais et sans forme ou solennité de jugement.

Item les meuniers, fariniers et leurs domestiques jureront aussi entre les mains de monseigneur l'abbé ou de son vicaire, de son juge ou de son baile, en présence des consuls s'ils veulent y assister, qu'ils moudront loyalement et de bonne foi, qu'ils soigneront et garderont de toute perte ou détérioration tout le blé et la farine qui leur seront confiés et qu'on leur donnera pour moudre, porter au moulin dans lequel ils demeurent, et reporter en farine au poids susdit.

Ils jureront que tout le blé qui leur sera livré par les habitans d'Aurillac ou de ses appartenances ils le porteront eux-mêmes ou le feront porter au poids, et le feront peser avant que de le recevoir dans leur moulin. A l'exception toutefois des personnes, des lieux et des petites quantités qui sont exemptes du poids d'après le présent accord.

Item quod quando dictum bladum erit moltum, aut quum moletur, ipsi non sustinebunt per se ipsos aut per nuntios illorum quorum erit dictum bladum, nec per alios, aliquâ arte aut ingenio, aliquid diminui, nec moveri, nec adjutari de dicto blado, nec de dictâ farinâ, in damnum domini dicti bladi.

Item quod dicto blado ponderato et redacto in farinam bene et fideliter dictam farinam reportabunt ad dictum pondus et facient reponderare, et quod dictam farinam non exhonerabunt, nec facient, nec patientur exhonerari de animali quod ipsum apportabit, per se, nec per aliam personam, in aliquo loco, nisi in domo ponderis ante dicti, nisi aliud evidens necessitas exigit.

Item quod bladum ponderatum, quod fuerit ingranatum non levabunt de intremuerâ in quâ positum extitit pro molendo, nec sustinebunt quod levetur, seu moveatur per alium, quo usque sit moltum, nisi esset necessitas aut utilitas evidens et manifesta bladi, seu molendini, seu alia quæcumque.

Item quod blado redacto in farinam non tenebunt ipsam farinam in ipso molendino aliquâ fraude, imo illâ eadem die quâ erit moltam ipsi eam reportabunt ad hospitium illius cujus erit, dum tamen ipsam possent fecisse ponderare ad dictum pondus et reportare ad dictum hospitium de die. Et hoc nisi cessarent hoc facere aliquâ causâ necessariâ, et quod tunc non tenebunt dictam farinam in dicto molendino ultrà unam noctem et quod in omni casu custodient ipsam farinam de humore et omni alio damno; et quod curabunt quod saccus cum farinâ non stabit extensus nec jaccus in terrâ, sed in fustibus aut postibus taliter quod non possit humectari dicta farina.

Item quod aliquod bladum adportatum ad caput, aut ad collum, aut aliter per habitatores dictæ villæ et pertinentiarum suarum, non molent quò usque venerit ad dictum pondus et ibidem ponderatum extiterit, et quod de eis constet per visum, aut signum aut relationem ponderatorum prædictorum, nisi de unâ quartâ cujuscumque bladi

Que de plus, quand ledit blé sera moulu, ou pendant qu'il se moudra, ils ne se permettront pas et ne permettront pas aux domestiques du propriétaire ou à toute autre personne, par subtilité ou adresse, d'en diminuer la quantité, de le changer, ni de mêler quoi que ce soit dans ledit blé ou ladite farine au détriment du propriétaire.

Que lorsque ledit blé ainsi pesé sera réduit en farine, ils reporteront au poids ladite farine avec loyauté et bonne foi et la feront repeser, et qu'en chemin ils ne déchargeront pas les sacs de dessus l'animal qui les portera, qu'ils ne le feront faire par personne et ne souffriront pas que personne le fasse dans aucun lieu, ni aucune maison, si ce n'est à celle du poids, à moins qu'une nécessité évidente ne les y contraigne.

Qu'ils ne retireront pas de l'entremiège le blé pesé encore en grain, après l'y avoir placé pour être moulu, et ne permettront que personne l'en retire et y touche jusqu'à ce qu'il aura été moulu, à moins qu'il n'y ait nécessité constatée ou avantage évident pour le blé, le moulin ou toute autre chose.

Lorsque le blé sera réduit en farine, qu'ils ne garderont pas frauduleusement cette farine au moulin, mais qu'au contraire ils la rapporteront eux-mêmes à la maison du propriétaire, le jour même où elle aura été moulue, pourvu qu'il leur ait été possible de la faire peser et de la rapporter de jour à ladite maison, ou qu'une autre nécessité réelle les en eût empêché, mais alors même ils ne pourront garder ladite farine dans leur moulin plus d'une nuit. Dans tous les cas ils devront garantir la farine de toute humidité ou dommage, et auront soin que le sac qui la contiendra ne demeure pas étendu ou appuyé sur la terre, mais qu'il repose sur des poutres et sur un plancher, afin qu'elle ne puisse contracter aucune humidité.

Qu'ils ne moudront point le blé qui leur serait apporté par des habitans d'Aurillac ou des appartenances de la ville, sur leur dos, leur tête ou de toute autre manière, avant qu'il n'ait été présenté au poids et pesé, et que cela ne leur soit démontré ou par le rapport de leurs yeux, ou par un signe délivré par les peseurs, ou par la déclaration verbale de ces derniers, à moins qu'il s'agisse d'une seule

et unâ eminâ avenæ, et nisi de aliis personis et locis superiùs exceptatis pro ut in eisdem compositionibus continetur.

Item quod si aliquis submolenarius, aut ductor bestiarum, aut alia familia quibus pertinet præstare justum juramentum, se mutabant in molendino in quò ipsi morabunt illo anno, qui non fecissent juramentum quod præstare debent, ratione hujus modi ponderis secundùm suum officium; quod ipsi, infrà tres dies à dictâ mutatione computandos, hæc manifestabunt bajulo, judici aut procuratori, aut uni e consulibus dictæ villæ, ad finem quod ab eis recipiatur dictum juramentum.

Item quod si aliqua fraus seu dolus fiebat in præmissis, seu propter præmissa et erit cognita, seu cognitus per ipsos, ipsi hæc manifestabunt et revelabunt dictis domino abbati, aut ejus vicario, judici, seu bajulo, aut uni ex consulibus dictæ villæ incontinenter postquam venisset ad notitiam eorumdem.

Item quod omnia præmissa custodient, tenebunt et complebunt, sub dicto juramento, per totum annum et per alios consequentes, quò usque fuerint requisiti de jurando iterum, de complendo et tenendo præmissa, et dictum præstarent iteratum juramentum.

Item quod alicui personæ dictæ villæ seu pertinentiarum suarum, non molent bladum quod fuerit adportatum ad caput, nec ad collum, seu aliter, ultrà unam quartam cujuscumque bladi, aut unam eminam avenæ, nisi adportaverit signum ordinatum traditum eidem per ponderatorem, et nisi esset de aliis personis et locis superiùs exceptatis.

Item quod molduram eis debitam recipient in loco firmo et non in entremuerâ seu alio loco tremolento cum mensurâ signatâ, debitâ et rationabili.

Item quod ipsi non facient in simul ponderare blada duarum personarum, nisi in uno sacco esset sibi traditum, aut nisi esset simul habitantium personarum.

Item quod bladum quod eis tradetur pro molendo, seu farinam, non mutabunt de sacco in quo dictum bladum detulerunt, in alios saccos; nisi procedat de voluntate per-

quarte de blé ou d'une émine d'avoine, ou de personnes et de lieux qui sont dispensés du poids par le présent accord.

Que si quelque garçon meunier, quelque conducteur d'animaux ou autre domestique, soumis à prêter serment, venait nouvellement demeurer dans le moulin qu'ils habiteront eux-mêmes à cette époque, et que les personnes ci-dessus désignées n'eussent pas prêté le serment qu'elles doivent soit à raison du poids, soit par leurs fonctions particulières, ils le feront connaître dans les trois jours qui suivront le changement de domicile desdites personnes au baile, au juge, au procureur de l'abbé ou à l'un des consuls de la ville, afin de faire recevoir leur serment.

Que s'il se commettait quelque fraude ou dol à l'encontre des choses susdites ou à leur occasion et qu'ils vinssent à le savoir, qu'eux-mêmes ils le diront et révèleront à monseigneur l'abbé, à son vicaire, juge ou baile, ou à l'un des consuls de la ville, aussitôt que lesdits faits seront parvenus à leur connaissance.

Qu'ils garderont, tiendront et accompliront, en vertu de leur serment, tout ce qui vient d'être dit pendant toute l'année et les suivantes, jusqu'à ce qu'ils soient de nouveau requis de jurer encore d'observer de point en point les susdits réglemens, et qu'ils l'auront itérativement promis, en renouvelant leur serment.

Item que lorsqu'un habitant d'Aurillac ou des appartenances de ladite ville leur apportera du blé sur sa tête, son col, ou de toute autre manière, ils ne le moudront pas, excepté toutefois une seule quarte de blé et une émine d'avoine, à moins qu'il ne leur remette en même temps le signe qui devra lui être délivré par le peseur, ou que ce ne soit une personne dispensée, ou qu'elle ne vienne d'un lieu compris dans les exceptions faites ci-dessus.

Qu'ils recevront la mouture qui leur est due, dans un lieu ferme et immobile et non dans l'entremiège, ou un autre endroit tremblant, et dans une mesure poinçonnée et légale.

Qu'ils ne feront pas peser en même temps le blé de deux personnes, à moins qu'il ne leur ait été porté dans le même sac ou qu'il appartienne à deux personnes habitant ensemble.

Qu'ils ne changeront pas le blé qui leur aura été apporté pour moudre, et la farine qui en sera provenue, du sac dans lequel le

sonæ cujus erit dictum bladum et farina. Et in casu quo cognoscent contrarium fieri per aliquam personam, quod hæc denunciabunt domino abbati, aut ejus vicario, judici, bajulo, et consulibus, aut uni ex ipsis.

Item quod si ipsi, tempore pluvioso, adportarent bladum aut farinam, portabunt ea sufficienter cooperta.

Item quod si in personis eorumdem legitime reperiebatur quod, per artem seu ingenium eorumdem fieret fraus seu dolus, per ipsos, aut per alios, in dicto pondere aut pertinentibus ad ipsum, aut in suo officio, ipsis celantibus et scientibus, quod tam scito quam hæc scirent ipsi præmissa non denuntiabunt curiæ aut consulibus aut uni ex consulibus dictæ villæ, in hiis casibus et quolibet eorumdem, ipsi ex nunc aut ex tunc se subponunt pænæ et emendæ quæ imponetur per judicem seu curiam dicti domini abbatis, suprà ipsis aut bonis suis, vocatis consulibus ut in pace in articulo inquestarum, factâ tamen cognitione suprà præmissis summariâ et de plano, et sine strepitu judicii et figurâ.

Item quum molæ molendinorum siliginis eorumdem picabuntur per eosdem, ipsi post hujus modi picationem, non facient nec permittent moli ibidem bladum habitantium dictæ villæ et pertinentiarum suarum, donec ipsi molenerii moli fuerint de blado suo, usque ad quantitatem duarum ponhediarum siliginis aut circà.

Item quod dicti consules teneant et recognoscant simpliciter se tenere et tenere debere à beato Geraldo et à domino abbate et monasterio et eorum successoribus, liberè et quietè, dicta pondera et emolumenta inde provenientia, ad libertates et sub libertatibus franchesiis et modis quibus consulatum et bona communia tenent et tenuerunt ab antiquò a beato Geraldo et dicto domino abbate et ejus monasterio, juxtà tenorem compositionum dudum inter abbatem et conventum, seu eorum syndicos, et consules dictæ villæ seu eorum syndicos, nomine communitatis dictæ villæ factarum et habitarum, et salvo tamen quod idem dominus abbas et conventus ejusdem monasterii habeant dictum censum et alia, ut superiùs est expressatum, in et super

blé aura été apporté, dans d'autres sacs étrangers, si ce n'est avec le consentement du propriétaire du blé et de la farine. Et s'ils voyaient faire ce changement par quelqu'autre personne, qu'ils dénonceraient le fait à monseigneur l'abbé, à son vicaire, juge ou baile, aux consuls ou à l'un d'eux.

Que s'ils sont obligés de transporter du blé ou de la farine par un temps pluvieux, ils auront soin de couvrir le sac d'une manière convenable.

Que si on avait la certitude que par la subtilité ou l'adresse desdits meuniers eux-mêmes il se commettait des fraudes ou injustices, soit dans le poids ou ses dépendances, soit dans leurs moulins, ou que commises par d'autres et en étant instruits ils ne se hâtaient pas de dénoncer ces faits à la cour, aux consuls ou à l'un des consuls de ladite ville; dans tous ces cas et dans chacun d'eux, les meuniers eux-mêmes, dès aujourd'hui et au moment où cela arrivera, se se subrogent à la peine et à l'amende qui seront imposées par le juge ou la cour de monseigneur l'abbé et prononcées contre leurs personnes et leurs biens, les consuls appelés comme il est dit à la paix à l'article des enquêtes. Il sera fait en pareil cas une information sommaire, sans délais et sans frais, et sans observer la forme et la solennité des jugemens.

Item quand les meules de leurs moulins à seigle seront repiquées par les meuniers, après cette opération ils ne moudront pas et ne permettront pas de moudre pour les habitans de la ville d'Aurillac et de ses appartenances, avant d'avoir fait eux-mêmes moudre de leur propre blé au moins jusqu'à la quantité de deux pénières de seigle environ.

Item que les susdits consuls reconnaissent simplement qu'ils tiennent et doivent tenir de St-Geraud, de monseigneur l'abbé, du monastère et de leurs successeurs, librement et en paix, ledit poids et les revenus qui en proviennent, avec les libertés et sous les mêmes franchises et priviléges et de la même manière, qu'ils tiennent de toute ancienneté leur consulat et les biens communs de St-Geraud, dudit monseigneur l'abbé et du monastère, selon la teneur de la paix autrefois consentie entre monseigneur l'abbé, le couvent et leurs syndics, au nom de la communauté et de la ville, sans pré-

dicto pondere et juxtà modum superiùs expressatum, et quod pro retardatione dicti census, ipse dominus abbas possit sazire emolumenta dicti ponderis, ut superiùs dictum fuit.

Item poterunt etiam dicti consules et eorum successores de emolumentis prædictis, aut aliis bonis communibus dictæ villæ, muros, fossata et portalia ad clausionem *dels barris* dictæ villæ de novo facere, si eisdem consulibus visum fuerit utile dictæ villæ, absque tamen alio aliquo prejudicio monasterii suprà dicti.

Item quod muri, vallata, portalia et fossata qui et quæ fient de novo, tenebuntur per consules a beato Geraldo et a domino abbate, et ejus monasterio et eorum successoribus; et eos et ea dicti consules et eorum successores custodiant, et eadem jura in eisdem habeant quæ haberent in antiquis muris, portalibus, vallatis et fossatis, secundum formam contentam in pace et constitutionibus ante dictis. Et quod dominus abbas, monachi dicti monasterii et eorum gentes, et familiares eorumdem habeant in portalibus murorum dictæ villæ quæ nunc sunt et quæ reficient et fient de novo, liberum ingressum et egressum, et alia jura quæ habebant in muris et portalibus antiquis, pro ut in compositionibus, quæ *pax villæ* nuncupantur, continetur; et remanentibus in suo statu, efficaciâ et virtute hiis de quibus, in pace et aliis compositionibus inter dictas partes seu eorum prædecessores dudum factis fit mentio, super et de ingressu et egressu faciendo per dominum abbatem et ejus familiares per portalia dictæ villæ; fuit inter dictas partes dictum et concordatum, quod per dicta portalia antiqua et quæ de novo fient, dictus dominus abbas et monachi dicti monasterii qui sunt et pro tempore fuerunt, et eorum gentes et familiares liberum ingressum habeant perpetuo et egressum; nec possint in dicto ingressu et egressu dictorum novorum et antiquorum portalium per consules impediri, nec per successores consulum, nec per deputandos per consules ad custodiam eorumdem. Et si contingeret quod impedirentur dominus abbas et ejus familia per consules, aut per eosdem a consulibus deputatos seu deputandos ad custodiam no-

judice cependant pour monseigneur l'abbé et pour la communauté
des moines du cens et autres droits ci-dessus réservés sur ledit poids,
en la forme et manière exprimées plus haut, et sauf le droit de
saisir les revenus dudit poids pour les arrérages du cens, ainsi qu'il
a été dit.

Item pourront aussi lesdits consuls et leurs successeurs, avec les
fonds provenus des revenus dudit poids ou avec ceux des autres biens
communs de la ville, refaire à neuf, s'ils le jugent utile à la ville,
les murs, fossés et portes, pour renfermer les faubourgs de ladite
ville, sans cependant causer aucun préjudice au monastère susdit.

Ces murs, parapets, portes et fossés, qui seront faits à neuf, les
consuls les tiendront de St-Geraud, de monseigneur l'abbé, du monastère et de leurs successeurs ; lesdits consuls les garderont et ils
auront, eux et leurs successeurs, les mêmes droits sur eux que ceux
qu'ils avaient sur les anciens murs, portes, parapets et fossés, selon
ce qui est écrit dans la paix et les constitutions anciennes, et ledit
monseigneur l'abbé, les moines du monastère, leurs serviteurs et
domestiques, auront sur les portes actuelles de ladite ville, et sur
celles qui seront refaites ou faites de nouveau, la libre entrée et
sortie et les autres droits qu'ils avaient sur les murs et les portes
anciennes, comme il est dit dans les traités que l'on appelle paix de
la ville ; tout ce dont il est fait mention dans la paix et les compositions anciennes faites autrefois entre lesdites parties et leurs
prédécesseurs a conservé sa force, sa vertu, son efficacité quant
au droit d'entrer et sortir librement par lesdites portes, reconnu
à monseigneur l'abbé et à ses domestiques. Il a été de plus dit et
convenu de nouveau entre lesdites parties, à l'égard des portes anciennes et des nouvelles qui doivent être faites, que monseigneur
l'abbé et les moines dudit monastère, qui existent actuellement et
existeront par la suite, leurs gens et leurs domestiques, auront à
perpétuité le droit d'entrer et de sortir librement, et qu'ils ne
pourront être troublés dans ce droit d'entrer et de sortir par les
portes anciennes et nouvelles, ni par les consuls actuels, ni par les
successeurs des consuls, ni par ceux qu'ils commandent ou com-
manderont pour la garde des portes. Et s'il arrivait que monsei-

19

vorum portalium prædictorum in ingressu et egressu eorumdem ; quod tunc committetur per consules et eorum successores pæna centum marcharum argenti, dictis domino
abbati et conventui et eorum successoribus in perpetuum
dandarum per dictos consules, qui nunc sunt et qui pro
tempore erunt et per communitatem dictæ villæ ; si et pro
ut continetur, retento tenore pacis, si dominus abbas aut
ejus familiares impedirentur in ingressu et egressu portalium antiquorum taliter et novorum. Quæ pæna exigi et
levari eo tunc per dictum dominum abbatem et ejus successores à dictis consulibus et eorum successoribus possit, in
eo casu totiens quotiens reperiretur commissa. Quam quidem
pænam centum marcharum argenti procuratores et syndici
dictorum consulum et communitatis dictæ villæ, vice et nomine prædictis voluerunt dare et solvere, solemni stipulatione interveniente, procuratoribus et syndicis dictorum
dominorum abbatis et conventus vice et nomine dicti domini abbatis et conventus et successorum suorum stipulantibus, totiès quotiès in contrarium fieret. Vel si dominus
abbas et ejus familia impedirentur, ut est dictum per dictos
consules qui nunc sunt et qui pro tempore erunt, seu etiam
deputatos et deputandos ab eisdem et sub conditionibus si
pro ut pæna pacis antiquæ et novæ committetur. Si dominus
abbas aut ejus familia impedirentur in ingressu et egressu
portalium antiquorum et non aliter. Quam pænam voluerunt et concesserunt et consenserunt eo casu et in dictarum
conventionum eventu committi in solidum et cum effectu
totens quotiens per dictos consules dictæ villæ, qui nunc
sunt et qui pro tempore erunt, seu et deputatos aut deputandos ab eisdem contrà fieret, ut dictum est et non aliter. Et
quâ pænâ commissâ et exactâ semel et pluriès, nihil ominus
contenta in hujus modi compositione et articulo haberent perpetuam firmitatem et quod pars dictorum consulum et communitatis dictæ villæ in dictam pænam incidat et eam solvere
teneatur, casu quo committetur, toties quoties quam fieret,
ut est dictum. Et si contingebat contrà prædictam partem dictorum dominorum abbatis et conventum et successorum
facere aut venire, quod ad desistandum et servandum suprà

gneur l'abbé ou les siens fussent troublés dans ce droit par les consuls, leurs successeurs et ceux qui sont ou seront commandés pour garder les portes, en ce cas les consuls ou leurs successeurs auront encouru la peine de cent marcs d'argent payable à monseigneur l'abbé, au monastère et à leurs successeurs, par les consuls actuels, ceux qui le seront à l'avenir et la communauté de ladite ville. Si donc, et comme il vient d'être dit en rappelant la teneur de la paix, monseigneur l'abbé ou les siens étaient troublés dans le droit d'entrer et sortir librement par les portes anciennes ou par les nouvelles, monseigneur l'abbé et ses successeurs auront à l'instant le droit d'exiger et de faire payer ladite somme par les consuls et leurs successeurs, et cela autant de fois qu'il y aura eu trouble et entrave. Laquelle peine de cent marcs d'argent les procureurs et syndics desdits consuls et de la communauté de ladite ville, pour et aux noms qu'ils agissent, ont promis donner et payer, par une stipulation solennelle, aux procureurs et syndics des susdits, monseigneur l'abbé, du couvent et de leurs successeurs, stipulant ez-dits noms, toutes et quantes fois qu'ils viendraient à l'encontre des présentes et qu'ils troubleraient monseigneur l'abbé et les siens, comme il vient d'être dit, soit que ce trouble fut causé par les consuls actuels ou ceux qui les remplaceront dans la suite, soit par ceux auxquels ils ont commis ou commettront la garde des portes, et qu'ils auront ainsi encouru la peine contenue en la paix ancienne et dans la nouvelle, pour le cas seulement où monseigneur l'abbé et ses gens seraient troublés dans le droit d'entrer et de sortir librement par les portes. Laquelle peine ils ont voulu, consenti et convenu audit cas et lors de l'avènement des conditions susdites, être encourue pour le tout et avec effet, toutes et quantes fois que les consuls de ladite ville, ceux qui le sont aujourd'hui et le seront par la suite, et leurs délégués actuels et futurs, causeront ledit trouble et non autrement.

Que cette peine encourue et payée une et plusieurs fois, les choses contenues dans la présente composition et dans cet article, n'en demeurent pas moins fermes et stables à toujours, et que du côté desdits consuls et de la communauté de ladite ville, cette peine soit encourue et payée, s'il y a lieu, autant de fois qu'il y aura trouble,

dicta, et ea reponendum in statu compellatur, et omnia
supra dicta rata remaneant et firma. Et quod neutra partium
prædictarum quæcumque possit opponere contrà aliam quò
minus teneanfur perpetuò et servantur omnia et singula
contenta in præsenti compositione et stipulatione pænali ad
solutionem ejusdem pænæ totiès quotiès contrà fieret, casu
et casibus prædictis et ad desistendum. Ne contrà dictos
dominos abbatem et conventum et successores eorum, seu
singulares personas dicti monasterii et familiares dicti domini abbatis, dicti consules qui nunc sunt seu qui pro tempore erunt, seu deputati aut deputandi ab eisdem ad custodiam novorum portalium prædictorum aliquo unquam
tempore impediant aut perturbent in libero ingressu et
egressu eorumdem, voluerunt et concesserunt et consenserunt dicti procuratores et syndici dictorum consulum et
communitatis dictæ villæ, vice et nomine communitatis et
consulum prædictorum, se, nomine dicto, et dictos consules
qui nunc sunt et qui pro tempore erunt, et communitatem
dictæ villæ, compelli per nos et per successores nostros,
et per dominum baillivum qui nunc est et qui pro tempore
erit montanorum Arverniæ, et per quemlibet eorumdem
conjunctim, seu divisim, ex mero officio, simpliciter et de
plano, ad requestam alterius partis, sine libello, monitione
et disceptatione quâcumque, et aliter pro ut circà finem
compositionis hujus modi continetur.

Item quod dicti consules qui sunt et qui erunt pro tempore, per se, seu per alios non possint, nec debeant facere
compelli dictum dominum abbatem qui est, nec qui erit pro
tempore, neque conventum dicti monasterii ad ædificandum,
construendum, reparandum, mundandum muros et fossata
si qui sint clausurare dictum monasterium et officiniaria
ejusdem aliquo tempore in futurum, casu quo muri et fossata qui et quæ de novo fieri debebunt, juxtà modum et formam contentum et contentam in litteris hodie concessis
coram dictis notariis per dictas partes super impositis, donec
muri a portali vocato de sancto Stephano usque ad portale
dal Boys, et a portali dal Boys versus et usque dictum molendinum Hugonis Vernhi, quod fuit dudum Durandi Va-

comme il vient d'être dit. Et s'il arrivait que du côté desdits monseigneur l'abbé, des moines ou de leurs successeurs, il fut fait quelque chose de contraire aux présentes, qu'ils soient contraints à se désister, à observer ce qui vient d'être dit, à remettre le tout sur le pied ancien, et que tout ce dessus reste ferme et stable à perpétuité. Que ni l'une ni l'autre des parties ne puisse opposer à l'autre qu'elle n'est plus tenue à observer et à suivre à l'avenir, en tout ou partie, ce qui est contenu dans le présent accord, soit quant au paiement de la stipulation pénale toutes et quantes fois qu'elle sera encourue, soit quant à l'action en désistement. Et pour que les susdits consuls actuels et futurs, et ceux qu'ils ont députés ou députeront à la garde des portes anciennes et nouvelles, ne puissent en aucun temps troubler ou entraver en aucune manière lesdits monseigneur l'abbé, les moines du monastère et leurs successeurs, ni quelque personne que ce soit dudit monastère en particulier, ou aucun de leurs gens dans le droit qu'ils ont d'entrer et sortir librement par les portes anciennes et nouvelles, les procureurs et syndics desdits consuls et de la communauté de ladite ville, ont voulu, concédé et consenti, au nom de la communauté et des susdits consuls, qu'eux-mêmes ez-dits noms, les consuls actuels et ceux qui le seront par la suite, et la communauté de ladite ville, pussent être contraints par nous et par nos successeurs, et par monseigneur le bailli actuel et par ceux qui seront par la suite baillis des montagnes d'Auvergne, et par quelqu'autre juge que ce soit, conjointement ou séparément, de pur office, simplement et de pied en pied, à la requête de la partie adverse, sans libelle, avertissement ni discussion quelconque, et de toute autre manière, comme il est dit à la fin de la présente composition.

Item les susdits consuls actuels et ceux qui seront plus tard promus à cet office, ne pourront ni ne devront, par eux-mêmes ou par d'autres, faire contraindre monseigneur l'abbé présentement en charge, ni ceux qui le seront après lui, ni le couvent dudit monastère, à édifier, construire, réparer, nettoyer les murs et fossés, s'il en est qui servent de clôture audit monastère et à ses cuisines et dépendances, dans aucun temps à l'avenir; au cas où l'on construise les murs et fossés qui doivent être refaits à neuf, selon la forme et le mode indiqués dans les accords passés aujourd'hui entre les parties susdites, par-devant les notaires ci-dessus nommés, jusqu'à ce que lesdits murs, depuis le portail appelé de St-Etienne jusques au portail du Buys, et depuis le portail du Buys jusques vers le moulin d'Hugues Vernhe, qui appartenait autrefois à Durand

leta, et deinde usque ad muros antiquos, ædificati omnino
fuerint ac completi, et eisdem novis completis dominus
abbas qui nunc est aut qui erit pro tempore, in muris et
clausuris antiquis dicti monasterii quandòcumque ædificare
et construere vellet in hoc per dictos consules impediri non
poterit quovis modo.

Et insuper cum per dictos consules et universitatem dictæ
villæ sæpe sæpius dictum fuit, quod dictus dominus abbas
qui nunc est et alii abbates et administratores dicti monasterii et eorum officiales qui pro tempore fuerunt, ac etiam
dictus conventus et curiales dicti domini abbatis seu monasterii ante dicti, conjunctim seu divisim, pluriès venerint
et fecerint contrà pacem antiquam et novam dictæ villæ,
seu compositiones per consules et universitatem dictæ villæ
seu eorum et dictæ universitatis syndicum seu syndicos ex
unâ parte; et dominos abbates qui pro tempore fuerunt et
conventum dicti monasterii seu syndicum seu syndicos eorumdem ex alterâ, dudum factas, incidendo pluriès et frequenter et diverso modo in pænam ducentorum marcharum
argenti ipsis consulibus et universitati prædictæ dandarum,
virtute compositionum, per dictam majestatem regiam pro
majori parte, ut dicti consules dicebant, confirmatarum,
ac etiam in pænis quarumdam aliarum compositionum inter
prædecessores dictarum partium dudum factarum, ultrà
compositiones pacis antiquæ et novæ. Ac contrario etiam
procuratores et syndici dictorum dominorum abbatis et
conventus dicerent consules et universitatem dictæ villæ
incidisse pluriès et frequenter in pænis prædictis; et super
hiis quædam causæ seu lites inter partes prædictas penderent
et motæ essent tam in curiâ Franciæ quam etiam in curiâ
domini ballivi montanorum Arverniæ; et utrinque movi
sperarentur.

Fuit per dictas partes transactum, compositum et ordinatum quod omnes et singulæ pænæ, occasione dictarum
antiquæ et novæ pacis, seu compositionum dictam pacem
antiquam et novam consequentium, ac etiam quarumcumque
aliarum compositionum pænalium non servatarum seu in-
fractarum hinc et inde, usque in hunc diem commissæ,

Valet, et de là jusqu'aux anciens murs, soient entièrement cons-
truits et terminés. Et lorsque ces nouveaux murs seront entièrement édifiés, monseigneur l'abbé actuel et ses successeurs à l'avenir,
ne pourront, en aucune manière, être troublés et entravés par les
consuls, s'ils veulent faire quelques constructions ou réparations
aux murs et aux clôtures anciennes de l'abbaye.

De plus comme les susdits consuls et l'universalité de ladite ville
ont fort souvent soutenu que ledit monseigneur abbé actuel, les autres
abbés et administrateurs anciens dudit monastère et leurs officiers,
les moines et les gens de la cour de monseigneur l'abbé et du susdit
monastère, conjointement ou séparément sont plusieurs fois venus
à l'encontre des paix anciennes et nouvelles, et ont souvent enfreint
lesdites paix et les autres compositions faites entre les consuls et
l'universalité des habitans de ladite ville ou entre les syndics desdits
consuls et de l'universalité des habitans d'une part, et messeigneurs
les abbés anciens et les moines dudit monastère, ou leurs syndics
d'autre part ; qu'ils ont ainsi plusieurs fois, fréquemment et de diverses manières encouru la peine de deux cents marcs d'argent
payable auxdits consuls et à l'universalité des habitans de la ville
en vertu des compositions qui, ainsi que lesdits consuls l'affirment,
ont été pour la plupart confirmées par l'autorité royale ; qu'ils ont
encore encouru d'autres peines particulières portées dans d'autres
accords autrefois convenus entre les prédécesseurs desdites parties
séparément, et en outre des compositions que l'on appelle paix ancienne et nouvelle : les procureurs et syndics de monseigneur l'abbé
et du couvent susdit soutenant au contraire que c'étaient les consuls
et l'universalité des habitans qui avaient souvent et fréquemment
encouru lesdites peines, et qu'à cet égard il s'était mu entre parties
différens procès qui étaient pendants soit en la cour du parlement,
soit à la cour du baillage des montagnes d'Auvergne, et que d'autres
procès étaient encore sur le point de s'engager à ce sujet entre
parties.

Il a été transigé, composé et ordonné entre parties que toutes les
stipulations pénales encourues à l'occasion desdites paix ancienne et
nouvelle, ou pour l'inobservation des autres compositions qui ont
été la suite desdites paix ancienne et nouvelle, qu'en un mot toute
stipulation de dommages et intérêts qui n'aurait pas été observée ou
aurait été enfreinte de part et d'autre jusqu'à ce jour, sont quittan-
cées, remises et seront regardées comme remises à perpétuité, et
de suite lesdites parties s'en sont fait respectivement quittance réciproque. De sorte que d'une part monseigneur l'abbé et les moines

sint quitæ et remissæ , et pro remissis perpetuò habeantur, et eas incontinenter sibi ad invicem remiserunt. Et quod pars dictorum dominorum abbatis et conventus , nec cujus-libet eorum successorum , à dictis consulibus qui sunt et pro tempore erunt seu universitate , nec consules qui nunc sunt et erunt pro tempore et universitas dictæ villæ à dictis domino abbate qui nunc est et qui pro tempore erit nec à conventu dicti monasterii nec à curialibus eorumdem seu altero eorumdem , conjunctim seu divisim , pænas aliquas, si quæ de præsenti commissæ sint, pro infractione seu trans-gressione lapsi temporis , peti possint , aut pro eò quia non fuerint servata aliqua capitula pacis antiquæ et novæ , seu aliarum compositionum petere , seu agere possint, in ju-dicio seu extrà.

Item fuit actum inter dictas partes quod dicti consules qui nunc sunt seu pro tempore erunt non possint expensas in quibus dictos dominus abbas , bajulus et procurator ejus erga ipsos seu dictam universitatem in parlamento regio parisiensi , per dominos parlamenti condemnati fuerunt , et pro quibus taxandis dictæ partes diem habent in parlamento præsenti , petere seu exigere a dictis domino abbate bajulo et procuratore ejusdem , seu aliâ quâcumque personâ. Et vice versâ , dicti consules et communitas sunt quiti de ex-pensis , si quas dominus abbas , bajulus et procurator à dictis consulibus et communitate petere poterant hâc de causâ ; imo dictæ expensæ sunt omnino quitæ et remissæ præfatis domino abbati , bajulo et procuratori , consulibus et communitati prædictis , et eas dictæ partes sibi ad invicem de præsenti remiserunt et quitaverunt domino abbati , ba-julo et procuratori prædictis , consulibus et communitati prædictis et cuilibet eorumdem , præsentibus et recipien-tibus, pro ut eorum quemlibet tangit , remissionem et qui-tationem prædictas. Pactum expressum, solenni stipulatione vallatum, facientes sibi ad invicem , dictas pænas, lapsis temporibus commissas et expensas prædictas de alterutro non petendi, nec dictas taxationem seu exsolutionem expen-sarum prædictarum , et de non litigando in præsenti parla-mento , seu aliter alibi , super præmissis.

et qui que ce soit de leurs successeurs à l'avenir, ne pourront rien demander aux consuls et à l'universalité des habitans de la ville ; que de l'autre, les consuls actuels et ceux qui seront consuls un jour et l'universalité des habitans de ladite ville ne pourront rien demander à monseigneur l'abbé actuel et à ses successeurs à l'avenir, ni aux moines dudit monastère, ni aux officiers de leur cour, ni à l'un d'eux, conjointement ou séparément. A l'occasion des peines susdites, si quelques-unes ont été encourues jusqu'à ce jour pour infraction ou transgression des paix anciennes, ou de quelques chapitres de la paix ancienne et de la paix nouvelle et des autres accords faits entre parties, et que ni l'une ni l'autre des parties ne pourra avoir action à cet égard ni rien réclamer soit en jugement soit hors de jugement.

Il a encore été convenu entre lesdites parties que les susdits consuls actuels et ceux qui leur succéderont à l'avenir, ne pourront réclamer les dépens auxquels monseigneur l'abbé, son baile et son procureur ont été condamnés en leur faveur et en celle de l'universalité des habitans, par le parlement de Paris, et pour la taxe desquels dépens les parties ont en ce moment un jour assigné audit parlement ; qu'ils ne pourront les exiger ni de monseigneur l'abbé, ni de son baile, ni de son procureur, ni de toute autre personne. Et en revanche lesdits consuls et la communauté sont aussi quittes de tous dépens que monseigneur l'abbé, son baile ou son procureur pourraient réclamer, s'il leur en est dû par les consuls et la communauté dans cette cause. Bien plus tous dépens, pour quelque cause que ce soit, sont entièrement quittancés et remis à monseigneur l'abbé, à son baile et à son procureur, aux consuls et à la communauté ; et lesdites parties en font présentement quittance et remise à monseigneur l'abbé, à son baile et à son procureur, aux consuls et à la communauté susdite, et à chacun d'eux ici présens et acceptant chacun pour ce qui le concerne. Les parties faisant réciproquement, quant auxdites quittances et remises, un pacte exprès fortifié par une stipulation solennelle de ne pas se réclamer l'une à l'autre lesdites stipulations pénales qui ont pu être encourues jusqu'à ce jour, non plus que les dépens susdits, de ne pas poursuivre la taxe et le paiement desdits dépens et de ne plus plaider à cet égard dans le présent parlement, ni dans toute autre et ailleurs à l'occasion de ce qui vient d'être dit.   20

Pro futuro verò tempore quo ad pænas et expensas futuras, si contrarium contentorum in dictis pace antiquâ et novâ et aliis compositionibus fieret ; dictis pace antiquâ et novâ et omnibus et singulis aliis compositionibus dudum inter prædecessores dictarum partium factis, remanentibus in suo statu per omnia, pro ut ante. Ita tamen quod pænæ usque nunc commissæ et expensæ expressè remissæ in compositione præsenti nullathenus peti possint ; et quod pæna committi et exigi possit totiens quotiens in toto aut in parte in posterum fieret contrà tenorem eorum, si et pro ut committi et exigi possent pro hiis quæ in contrarium in posterum fierent, si non essent factæ compositiones præsentes.

Item quod certæ mensuræ calcis ad similitudinem magnitudinis mensuræ avenæ ut olim in dictâ villâ statutæ, fiant in dictâ villâ, quæ signis conventis signentur de certo, per dictum dominum abbatem seu ejus gentes, vocatis et præsentibus consulibus, aut duobus ex ipsis si adesse volunt. Et quod nullus in posterum sit ausus cum aliis mensuris vendere ; et qui in præmissis contrarium faceret, solvent et solvere teneatur decem et octo denarios turonenses dicto domino abbati et ejus successoribus pro pænâ. Et ultrà dictam mensuram perdat, dicto domino abbati seu ejus curiæ confiscandam.

Item quod nullus de cetero lapides pro calce faciendâ in calfurno pro decoquendo ponere audeat, donec per duos probos viros in talibus expertos, per dictum dominum abbatem et consules eligendos, visum et diligenter expertum fuerit si dicti lapides sint boni et sufficientes, ac sufficienter estimati pro calce faciendâ ex ipsis. Qui quidem probi viri ad requestam illorum qui calcem facere voluerint de dictis lapidibus, ad calfurnum accedere et dictos lapides inspicere, et ipsos probare et reprobare, et licentiam dictos lapides ponendi in dicto calfurno dare aut denegare, ac juramentum ab ipsis recipere de non immiscendo aliquid propter quod minus valere possit. Et dicti calcem facere volentes dictis probis viris super hiis obedire teneantur. Si quis vero lapides in calfurno absque dictorum proborum virorum li-

Quant à l'avenir, et relativement aux dommages-intérêts et aux frais qui pourraient être encourus et faits si l'une des parties contrevenait à la paix ancienne, à la paix nouvelle et aux autres accords, lesdites paix ancienne et nouvelle et tous et chacun des accords autrefois faits entre les prédécesseurs desdites parties resteront obligatoires pour le tout, comme auparavant. De telle sorte cependant que les peines encourues jusqu'à ce jour, et dont il est fait remise expresse dans le présent accord, ne pourront plus être réclamées; mais que lesdites peines seront encourues et exigibles toutes et quantes fois dans la suite, il sera fait quelque chose de contraire à la teneur desdits accords, soit en tout soit en partie, et qu'une fois encourues elles pourront être exigées de la partie contrevenante à l'avenir tout comme si le présent accord n'avait pas été fait et consenti.

Item il sera fait certaines mesures pour la chaux, d'une grandeur égale à celles qui étaient autrefois établies dans ladite ville pour l'avoine. Elles seront marquées d'un signe authentique par ledit monseigneur abbé ou par ses gens, les consuls appelés et présens ou deux d'entre eux, s'ils veulent être présens, et que nul à l'avenir n'ait l'audace de vendre avec d'autres mesures : si quelqu'un s'avisait de faire le contraire, qu'il paye et soit tenu de payer dix-huit deniers tournois audit monseigneur l'abbé et à ses successeurs, à titre d'amende. Que de plus il perde ladite mesure qui sera confisquée au profit de monseigneur l'abbé ou de sa cour.

Item que nul à l'avenir ne se permette de placer des pierres dans le chaufour pour faire cuire la chaux avant que par deux prud'hommes experts en cette matière, et qui seront élus par monseigneur l'abbé et les consuls, il ait été soigneusement examiné et bien éprouvé si lesdites pierres sont de bonne qualité et suffisantes, et si elles ont été suffisamment triées pour faire de bonne chaux. Ces prud'hommes, à la requête de ceux qui voudront faire de la chaux avec ces pierres, seront tenus de se rendre au chaufour, d'examiner les pierres, de les admettre ou de les rejeter, de donner ou refuser l'autorisation de les mettre dans le chaufour, et de recevoir le serment du chaufournier de n'y rien mêler ensuite qui puisse en altérer la qualité. Et ceux qui voudront faire de la chaux seront tenus d'obéir en tout auxdits prud'hommes. Que si quelqu'un, sans l'autorisation et l'approbation desdits prud'hommes, met des pierres dans son chaufour,

centiâ et approbatione posuit, et calcem inde fecit, aut facere incæpit, pænam triginta solidorum turonensium domino abbati et ejus successoribus applicandam, nec non et aliorum triginta solidorum per bajulum et consules amore Dei dandarum pauperibus parrochiæ dictæ villæ et infrà oratoria dictæ villæ existentibus, quâlibet vice solvere teneatur, seu in alios pios usus convertatur.

Item quod nullus calcem de furno seu calfurno extrahere audeat donec per dictos probos viros inspectum fuerit utrum sufficienter cocta fuerit, et per ipsos probos viros licencia data fuerit extrahendi eam. Contrarium vero faciens pænam triginta solidorum turonensium domino abbati et ejus successoribus applicandam, ac etiam aliorum triginta solidorum per bajulum et consules, amore Dei, pauperibus parrochiæ et infrà oratoria dictæ villæ existentibus erogandorum solvere teneatur. Et eo casu quo dicta calx, de dicto calfurno abstracta, absque dictorum proborum virorum licentiâ et approbatione, reperiretur; non que sufficienter decocta, teneatur delinquens decem solidos turonenses dicto domino abbati pro pænâ solvere, et quod nihil ominus tertia pars dictæ calcis, amore Dei, pauperibus parrochiæ dictæ villæ et infrà oratoria dictæ villæ existentibus aut in alios pios usus per bajulum et consules erogetur, et quod dicti probi viri, si dicta calx insufficiens sibi appareat, eam sazire, seu ad manum dicti domini abbatis, ejus auctoritate ponere possint, ne ulteriùs fraus in eâ committatur, ita tamen quod eâdem die et crastinâ dictam sazinam seu manus appositionem demonstrare procuratori seu bajulo dicti domini abbatis habeant et teneantur, et ita in sua creatione jurare teneantur.

Item quod dicti probi viri in eorum creatione, in manibus domini abbatis seu ejus vicarii, judicis aut bajuli, præsentibus consulibus, aut duobus ex ipsis, si adesse voluerint, juramentum prædictum prestare teneantur, nec non; quod bene et legaliter in dicto officio se habebunt et quod maliciose non different ad dictos lapides et calfurnum accedere pro approbatione aut reprobatione dictorum lapidum et calcis, cum fuerint requisiti. Qui quidem probi viri pro

en fait de la chaux ou commence seulement à en faire, qu'il soit tenu de payer, par toute voie, une amende de trente sols tournois applicable à monseigneur l'abbé et à ses successeurs, et de plus autre trente sols qui seront distribués, pour l'amour de Dieu, par le baile et les consuls, aux pauvres de la paroisse d'Aurillac qui se trouveront dans l'enceinte des croix de ladite ville, ou convertie à d'autres pieux usages.

Item que personne ne se permette de retirer la chaux du four ou chaufour, avant que lesdits prud'hommes n'aient examiné si elle est suffisamment cuite, et que lesdits prud'hommes n'aient accordé la permission de l'en extraire. Celui qui fera le contraire paiera trente sols d'amende à monseigneur l'abbé et à ses successeurs, et autre somme de trente sols tournois qui seront distribués, pour l'amour de Dieu, par le baile et les consuls, aux pauvres qui existeront dans la paroisse et dans l'enceinte des oratoires de ladite ville. Et dans le cas où l'on retrouverait ladite chaux extraite du chaufour, sans le congé et l'approbation desdits prud'hommes, et qu'elle ne leur parut pas suffisamment cuite, le délinquant sera encore tenu de payer dix sols tournois d'amende à monseigneur l'abbé, et néanmoins le tiers de ladite chaux sera distribué, pour l'amour de Dieu, aux pauvres qui existeront dans la paroisse et dans l'enceinte des oratoires de ladite ville, ou employé à d'autres pieux usages par le baile et les consuls.

Si ladite chaux ne paraît pas de bonne qualité auxdits prud'-hommes, ils auront le droit de la saisir; et pour qu'on ne commette pas ultérieurement de fraude à cet égard, de la mettre sous la main de monseigneur l'abbé et en sa puissance A condition cependant que le jour même ou le lendemain ils devront et seront tenus d'énoncer ladite saisie et le séquestre au procureur ou au baile de monseigneur l'abbé, et que lors de leur création ils en feront le serment.

De plus lesdits prud'hommes, lors de leur nomination, seront tenus de prêter le serment susdit entre les mains de monseigneur l'abbé, de son vicaire, juge ou baile, en présence des consuls ou de deux d'entre eux, s'ils veulent être présens, comme aussi de jurer qu'ils agiront avec loyauté et bonne foi dans leur office, qu'ils ne différeront pas malicieusement de se rendre audit chaufour pour admettre ou rejeter lesdites pierres avant qu'on ne les y place, et la chaux avant qu'on ne l'en retire, et de s'y rendre dès qu'ils en seront

quâlibet furnatâ seu calfurnatâ decem et octo denarios turonenses, ab illo qui calcem fieri faciet habebunt recipere
pro labore.

Item quod satuentur in dictâ villâ certæ formæ, sive
molli de tegulis, sive *teullcs* magnis et parvis, et de *cayrels*,
et de *meytados*; quiquidem molles, sive formæ, signentur
certis signis, per dominum abbatem, seu ejus bajulum,
aut deputandos ab eisdem aut altero eorumdem, vocatis et
præsentibus dictis consulibus aut duobus ex ipsis, si adesse
voluerint, ita quod nullus audeat lateres sive teullcs, cayrels
neque meytados in aliis facere, quam in dictis formis sive
mollis signatis ut suprà. Et qui in præmissis contrarium fecerit, solvat domini abbati et ejus successoribus, nomine
pænæ decem et octo denarios turonenses, et nihilominus
quod dicti lateres, cayrels aut meytados qui essent facti in
dictis formis sive mollis signatis, erogentur Monasterio
ecclesiis aut hospitalibus dictæ villæ, aut et. pro Deo dentur
per bajulum et consules suprà dictos.

Item quod nullus de cetero audeat dictos lateres sive teullcs,
cayrels, aut meytados ponere in furno seu çalfurno pro-
decoquendo donec per duos probos viros in hoc expertos
per dominum abbatem, vicarium seu judicem aut bajulum
et consules eligendos fuerit visum et diligenter inspectum
an sint de bonâ et sufficienti terrâ et bene estimatâ pro late-
ribus seu aliis prædictis faciendis, et donec fuerit eisdem
per dictos probos viros data licentia eosdem lateres, cayrels
sive meytados, tanquam factos de bonâ et sufficienti terrâ,
in furno seu calfurno ponendi, et qui in præmissis contrarium faciet solvat domino abbati et suis successoribus
nomine pænæ, decem solidos turonenses pro quâlibet calfurnatâ et plus decem solidos dare et solvere teneatur qui
erogentur per bajulum et consules dictæ villæ pauperibus
parrochiæ et infrà oratoria dictæ villæ existentibus.

Item quod si dicti lateres sive teulles, cayrels aut meytados
reperirentur per dictos probos viros non fuisse factos de
bonâ terrâ et bene estimatâ, frangi debebunt per probos
viros suprà dictos.

Item quod nullus audeat de dicto calfurno dictos lateres

requis ; et ils auront pour leur peine, pour chaque fournée ou chaufournée, dix-huit deniers tournois qui leur seront comptés par celui
qui fera faire la chaux.

Item on établira dans ladite ville certaines formes ou moules,
grands et petits, pour les briques et tuiles, les carreaux et demi-
carreaux. Lesquels moules ou formes seront marqués d'un signe
authentique par monseigneur l'abbé ou son baile, ou ceux qui seront délégués par eux ou par l'un d'eux, les consuls ou deux d'entre
eux appelés et présens s'ils le jugent convenable. De telle sorte que
nul ne se permette de faire à l'avenir des briques ou tuiles, des
carreaux ou demi-carreaux, si ce n'est avec les formes ou moules
estampillés comme il vient d'être dit ; et celui qui ferait le contraire
devra payer, à titre d'amende, à monseigneur l'abbé et à ses successeurs 18 deniers tournois ; et de plus les briques, carreaux et demi-
carreaux qui auront été faits dans d'autres moules que dans les
formes ou moules estampillés, seront donnés par le baile et les
consuls susdits au monastère, ou distribués, pour l'amour de Dieu,
aux églises et aux hôpitaux.

Item que personne ne se permette de placer dans le four ou chaufour lesdites briques ou tuiles, carreaux ou demi-carreaux pour les
faire cuire, avant que par deux prud'hommes experts en cette matière, et choisis par monseigneur l'abbé, son vicaire, juge ou baile,
et par les consuls il ait été examiné et soigneusement vérifié s'ils
sont faits de terre bonne et suffisante, propre et convenable pour
faire des briques et les autres choses susdites, et que lesdits prud'-
hommes leur aient donné la permission de mettre dans le four ou
chaufour lesdites briques, carreaux et demi-carreaux, comme faits
de terre bonne et convenable ; et celui qui contreviendra à ce qui
vient d'être dit, paiera à monseigneur l'abbé et à ses successeurs, à
titre d'amende, dix sols tournois pour chaque fournée, et sera tenu
de payer en outre et de solder dix autres sols tournois, lesquels seront distribués par le baile et les consuls de ladite ville aux pauvres
qui existeront dans la paroisse et dans l'enceinte des oratoires de
ladite ville.

De plus si lesdites briques ou tuiles, carreaux ou demi-carreaux
ne leur paraissent pas faits avec de bonne terre, ou avec une terre
assez ameublie, les prud'hommes sus-nommés devront les briser.

Item que personne ne se permette de retirer du chaufour les bri-

sive teulles cayrels aut meytados extrahere, donec per dictos probos viros inspectum fuerit si sint bene decocti, et
fuerint per dictos probos viros tanquam bene decocti
approbati ; et qui contrarium in præmissis fecerit, teneatur
dare et solvere domino abbati et ejus successoribus, pro
pænâ, quindecim solidos turonenses et nihilominus teneatur
ad alios quindecim solidos qui per bajulum et consules habebunt erogari pauperibus parrochiæ dictæ villæ et infrà oratoria existentibus. Et eo casu si lateres sive teulles, cayrels
aut meytados qui essent abstracti de dicto calfurno, absque
approbatione et licentiâ dictorum proborum virorum reperirentur minus sufficienter decocti, per relationem dictorum
proborum virorum, quod illi cujus essent lateres prædicti,
cayrels, sive meytados decem solidos turonenses ultrà dictos quindecim, dicto domino abbati et ejus successoribus,
nomine pænæ, solvere teneatur; nec non et tertia pars dictorum laterum et aliorum prædictorum erogetur per bajulum et consules suprà dictos, aut in pios usus committatur.

Item quod in casu in quo dicti lateres sive teulles cayrels
aut meytados in dicto calfurno, antequam essent abstracti
de dicto calfurno, dum decocti dicentur reperirentur per
dictos probos viros insufficienter decocti, ille qui cupabilis
de hiis reperiretur dare et solvere teneretur, nomine pænæ,
dicto domino abbati quinque solidos turonenses : nec non
et tertia pars dictorum laterum et aliorum prædictorum erogetur pauperibus per bajulum et consules suprà dictos.

Item quod dicti probi viri in eorum creatione in manibus
domini abbati seu ejus vicarii, judicis aut bajuli, in præsentiâ
ipsorum consulum teneantur præstare juramentum de bene
et legaliter eorum prædicto officio exercendo, et quod maliciose non differrent ad locum seu loca ubi erunt dicti
lateres sive teulles, cayrels aut meytados et calfurnum accedere, pro inspiciendo eosdem, priusquam in calfurno pro-
decoquendo ponantur; et postea dum dicentur fore decocti,
et quod approbando aut reprobando terram de quâ facti fuerunt, et ad decernendum an bene aut male decocti sint. Quiquidem probi viri pro quâlibet calfurnatâ seu furnatâ dictorum
laterum (sive teulles cayrels aut meytados), ab illo qui faciet

ques, tuiles, carreaux et demi-carreaux susdits, avant que lesdits prud'hommes aient vérifié s'ils sont bien et suffisamment cuits, et qu'ils n'aient été approuvés par lesdits prud'hommes comme bien cuits. Et celui qui contreviendrait à ce qui vient d'être dit, sera tenu de donner et solder à monseigneur l'abbé et à ses successeurs, à titre d'amende, quinze sols tournois ; et néanmoins il sera tenu de payer autre quinze sols au baile et aux consuls pour être distribués aux pauvres qui se trouveront dans la paroisse et l'enceinte des oratoires de la ville.

Et dans ce cas, si les briques, tuiles, carreaux et demi-carreaux, ainsi extraits du chaufour sans la permission et l'approbation desdits prud'hommes, ne se trouvaient pas cuits suffisamment, d'après l'inspection des prud'hommes susdits, celui à qui appartiendront les briques susdites, les carreaux et demi-carreaux, sera encore tenu de payer, à titre d'amende, à monseigneur l'abbé et à ses successeurs dix sols tournois en sus des quinze ci-dessus, et cependant le baile et les consuls susdits distribueront aux pauvres ou emploieront à de pieux usages le tiers desdites briques et autres choses sus-détaillées.

Item dans le cas où les briques, tuiles, carreaux et demi-carreaux susdits étant encore dans le chaufour, le chaufournier soutenant que le tout est suffisamment cuit, les susdits prud'hommes trouveraient qu'il ne l'est pas assez, celui qui à cet égard sera trouvé en faute, sera tenu de donner et solder cinq sols tournois d'amende à monseigneur l'abbé, et de plus le baile et les consuls distribueront aux pauvres le tiers des briques et des autres objets que contiendra sa fournée.

Item lesdits prud'hommes, lors de leur création, seront tenus de prêter serment entre les mains de monseigneur l'abbé, de son vicaire, de son juge ou de son baile, et en présence des consuls, de bien et loyalement exercer leur office, de ne pas différer par malice de se rendre dès qu'ils seront appelés aux lieux où seront les briques, tuiles, carreaux et demi-carreaux, pour les examiner avant qu'on ne les mette dans le four pour les cuire ; et plus tard lorsqu'on dira qu'ils sont cuits, et pour approuver ou rejeter la terre avec laquelle on les a faits, et pour décider s'ils sont bien ou mal cuits. Lesdits prud'hommes recevront pour leur peine de celui ou ceux qui feront faire les briques, tuiles, carreaux ou demi-carreaux dix-huit deniers tournois pour chaque fournée ou chaufournée.

Et si les briques, tuiles, carreaux ou demi-carreaux leur parais-

21

seu facere faciet, decem et octo denarios turonenses recipiant pro labore. Et quod dicti probi viri, si dicti teguli, cayrels aut meytados insufficientes sibi appareant, ad manum domini abbatis ponere possint, ne ulteriûs fraus ibi commitatur. Ita tamen quod eâdem die aut crastinâ dictam sazinam seu manus appositionem denunciare procuratori ,aut bajulo dicti domini abbatis habeant et teneantur. Et ita in sui creatione jurare habeant et teneantur.

Item quod fiant in dictâ villâ certæ mensuræ olei signandæ per dictum dominum abbatem, vocatis et præsentibus consulibus, si adesse voluerint, signis prædictis, et quod uno quolibet sestariarum oli sint et contineantur quinquaginta duo copelli olei et non ultrà ; et quod nullus cum aliis mensuris vendere, seu aliter contahendo edere audeat in eadem. Et qui in præmissis contrarium faceret, solvat et solvere teneatur pro pæna , decem et octo denarios turonenses domino abbati , et perdat nihil ominus mensuras prædictas domino abbati seu ejus curiæ confiscandas.

Item quod statuantur in dictâ villâ certæ mensuræ salis, parvæ et magnæ , et signentur per dominum abbatem seu deputandos ab ipso, vocatis dictis consulibus aut duobus ex ipsis et præsentibus, si adesse voluerint, signis prædictis. Et mensura vocata quarta tantum contineat quantum mensura bladi vocata eminale et fiat ad ejus similitudinem , et omnes aliæ mensuræ ut media quarta et ita descendendo fiant, habito respectu ad dictam quartam. Et qui in præmissis contrarium faceret, solvat et solvere teneatur domino abbati pro pænâ , decem et octo denarios turonenses , et ultrà illas mensuras amittat domino abbati applicandas.

Item quod omnes et singuli faces sive torquæ , intortici , candellæ quæ in posterum pro vendendo fient de cerâ in dictâ villâ , habeant fieri taliter quod quatuor partes sint de bonâ et sufficienti cerâ, et quinta de pabilo , lichino aut cotone existat, et nihil aliud in eisdem ponetur. Et quod facientes seu fieri facientes jurent semel in anno quolibet, in manibus domini abbatis seu judicis, aut bajuli , præsentibus consulibus seu duobus ex ipsis, se præmissa custodire

sent mal faits et non recevables, lesdits prud'hommes pourront les
saisir et mettre sous la main de monseigneur l'abbé pour qu'on ne
fasse ultérieurement aucune fraude à cet égard. A condition cependant que le jour même ou le lendemain, ils dénonceront et seront
tenus de dénoncer soit la saisie, soit le sequestre au procureur ou
baile de monseigneur l'abbé, et que lors de leur nomination ils le
promettront par serment.

Item il sera fait dans ladite ville certaines mesures pour l'huile,
qui seront poinçonnées par monseigneur l'abbé, les consuls appelés
et présens s'ils le veulent. Chaque septier d'huile devra contenir cin-
quante-deux coupes et non plus. Et personne ne se permettra de
vendre avec d'autres mesures ni de contracter avec d'autres en aucune
manière dans la ville; que si quelqu'un contrevenait aux présentes,
il serait tenu de payer et solder dix-huit deniers d'amende à monseigneur l'abbé et perdrait en outre les mesures dont il se serait servi,
qui seront confisquées au profit de monseigneur l'abbé et de sa cour.

Item il sera aussi établi dans ladite ville des mesures authentiques,
grandes et petites pour le sel et elles seront aussi poinçonnées par
monseigneur l'abbé ou ses délégués, en présence des consuls ou de
deux d'entre eux, s'ils veulent être présens. La mesure que l'on
appelle quarte, contiendra seulement autant que la mesure de blé
que l'on nomme émine, et sera faite à sa ressemblance. Et toutes les
autres mesures, comme la demi-quarte et ainsi de suite en dimi-
nuant, seront faites proportionnellement eu égard à la quarte.

Et celui qui contreviendrait à ce qui vient d'être dit, paiera et
sera tenu de payer dix-huit deniers d'amende à monseigneur l'abbé,
et de plus perdra ses mesures qui seront confisquées au profit de
monseigneur l'abbé.

Item que toutes et chacunes les torches, chandelles et les tortillons que l'on fera à l'avenir avec de la cire pour les vendre dans ladite ville, soient faits de telle sorte que quatre parties soient de
cire bonne et suffisante, et la cinquième de jonc, de lichen ou de
coton, et qu'on n'y emploie rien autre chose; que ceux qui les font
ou qui les font faire jurent une fois chaque année entre les mains de
monseigneur l'abbé, de son juge ou de son baile, et en présence des
consuls ou de deux d'entre eux, d'observer ce qui vient d'être dit et

et in contrarium non facere. Si quis in contrarium faceret,
pro quâlibet face seu tortico unam libram ponderante, et
pro quâlibet librâ candelarum seu torticiorum parvorum,
decem et octo denarios turonenses pro pæna, domino abbati
solvere teneatur. Si verò minus ponderaret debet de pænâ
prædictâ diminui, et diminutâ solvi secundum magis et minus
pro quotâ. Et nihil ominus quod prædictæ faces intortici et
candelæ, sive parvæ sive magnæ quæ alio modo factæ esse
reperirentur erogentur, pro amore Dei, per bajulum et
consules monasterio et ecclesiis dictæ villæ.

Item quod panis qui fiet in dictâ villâ pro vendendo pon-
deretur in pastâ per certos probos viros deputandos ad hoc
per dominum abbatem, seu per illum ad quem pertinet et
per dictos consules priusquam in furno ponatur, et ille panis
sive pasta qui non reperiretur fore justi ponderis erogetur
pauperibus infrà oratoria dictæ villæ existentibus per bajulum aut viguerium et consules suprà dictos. Fornerii verò
qui ponerent in furno panem in pastâ, ut præmissum est,
non ponderatum, teneantur domino abbati pro quâlibet furnatâ in tribus solidis turonensibus pro pænâ solvendis, et
in aliis tribus solidis turonensibus, ut dictum est pauperibus
erogandis, per bajulum et consules supra dictos; nisi ponderatores essent in morâ ponderandi. Et quod ponderatores
prædicti panem in pastâ insufficientem per eos ponderatum
possint ponere ad manum domini abbatis, et facere decoqui
per furnerios ante dictos; et debebit ibidem esse et stare
sub dictâ manu, donec fuerit datum ut est dictum per suprà
dictos. Sed in eâdem die ullâ morâ sistendi, hoc habeant
denunciare procuratori curiæ domini abbatis aut ejus bajulo.

Item quod omnes balanciæ ad quas seu cum quibus res
venditæ seu vendendæ ponderabuntur in dictâ villâ, fiant
ad similitudinem earum quæ vocantur lo pes comu et pro ut
sint omnes balanciæ quæ fuerint pro ponderando argentum,
ad finem ne quis in justo libramento de cetero decipi valeat.
Et qui aliis balanciis in dictâ villâ contrahendo utentur
decem et octo denarios pro pænâ domino abbati et ejus successoribus solvere teneantur. Et nihil ominus dictas balan-
cias amittat domino abbati confiscandas.

de ne pas faire le contraire. Que si quelqu'un venait à y manquer, il paiera à monseigneur l'abbé dix-huit deniers tournois d'amende pour chaque torche ou cierge du poids d'une livre, et pour chaque livre de tortillons ou de chandelles ; et si elles pesaient moins d'une livre, l'amende diminuerait à proportion du plus ou du moins, et il paierait moins selon le poids. Et néanmoins les susdits torches, chandelles, cierges et tortillons, petits ou grands, que l'on aurait trouvés faits de toute autre manière que ce qui vient d'être dit, seront donnés, pour l'amour de Dieu, par le baile et les consuls au monastère et aux églises de ladite ville.

Item que le pain que l'on fait dans la ville pour le revendre soit pesé encore en pâte, par des prud'hommes choisis à cet effet par monseigneur l'abbé ou celui qui en aura charge, et par les consuls, avant que ledit pain ne soit mis au four, et que ledit pain ou la pâte qui n'aura pas le poids requis, soit donné aux pauvres qui sont dans les oratoires d'Aurillac par le baile, le viguier et consuls susdits. Quant aux fourniers qui mettraient ladite pâte au four avant qu'elle ne soit pesée, comme il vient d'être dit, ils seront tenus de payer trois sols d'amende pour chaque fournée à monseigneur l'abbé, et de donner trois sols tournois pour être distribués aux pauvres par le baile et les consuls susdits ; le tout à moins que les peseurs n'eussent été mis en demeure de peser. Que lesdits peseurs puissent saisir le pain qu'ils auront pesé lorsqu'il n'aura pas le poids légal, le mettre sous la main de monseigneur l'abbé, et le faire cuire par les fourniers, il devra rester sous leur garde jusqu'à ce qu'il aura été distribué comme il vient d'être dit. Mais le jour même et sans aucun retard ils devront dénoncer cette saisie au procureur de la cour de monseigneur l'abbé ou à son baile.

Item que toutes les balances avec lesquelles les choses à vendre ou vendues seront pesées dans ladite ville, soient faites à la ressemblance de celles qne l'on nomme le *poids commun*. Que l'on fasse de la même manière toutes les balances destinées à peser l'argent, afin que personne ne puisse être trompé à l'avenir dans le juste poids. Et celui qui en contractant dans ladite ville se servirait d'autres balances, sera contraint à payer dix-huit deniers d'amende à monseigneur l'abbé et à ses successeurs, et de plus il perdra ses balances qui seront confisquées au profit de l'abbé.

Item quod si qua vasa argentea aut stagnea in dictâ villâ
fieri seu operari contingebat, signari debeant signo prædicto
per certos probos viros deputandos per dominum abbatem
cum consilio consulum. Qui probi viri jurare habeant ad
sacra Dei evangelia de bene et legaliter in hujus modi officio
haberi peritos.

Item quod in quibuscumque cognitionibus et punitio-
nibus dictarum emendarum per dictum dominum abbatem
ejus successores eorum gentes et officiarios, et alios ad quod
pertinet et pertinebit faciendis, dicti consules qui nunc sunt
et pro tempore fuerint aut duo ex ipsis vocentur et sint
præsentes, si adesse voluerint, pro ut in inquestis, secundum tenorem pacis seu compositionum sunt vocandi.

Item quod in quolibet dictorum casuum, quibus dominus
abbas, vicarius, judex aut bajulus, juxtà præmissa fuerint
repuirendi seu advocandi, ea sint facienda gradatim et alterum requiri sufficiat. Ita ut dominus abbas qui est, et qui
pro tempore fuerit requiri debeat primo, si in villâ Aurilia-
censi aut etiam infrà tantum mediam leucam fuerit; et in
domini abbatis absentiâ ejus vicarius; quibus domino abbate
et vicario à dictâ villâ aut etiam infrà mediam leucam absen-
sentibus, judex requiri debeat; et in omnium præmissorum
absentiâ, bajulus requiratur.

Item quod per prædicta nec aliqua de prædictis in quibus
consules sunt vocandi, seu et ipsi consules qui sunt et qui
pro tempore fuerint, seu universitas aut communitas dictæ
villæ, seu aliæ personæ de suprà scriptis deputatæ, seu de-
putandæ, non sint alicujus juridictionis dictæ villæ participes; sed consules pro tempore dictæ villæ et aliæ personæ
suprà dictæ et boni viri ad ea vocentur et intersint, si inte-
resse voluerint, ad omnem suspicionem tollendam, et taliter
ut in pace, non tamen aliæ personæ quam consules voca-
buntur in inquestis, scilicet utentur sibi commissis officiis
pro ut suprà.

Item quod nec dictus dominus abbas, nec ejus successores, nec conventus, teneantur dictis consulibus nec eorum
successoribus de evictione, si quâ in hiis aut eorum aliquo
movetur, et fieret per aliquem seu aliquos nisi duntaxat, de

Item que les vases d'argent ou d'étain que l'on pourra faire dans ladite ville soient estampillés, avec le signe dont on a déjà parlé, par les prud'hommes délégués à cet effet par monseigneur l'abbé, les consuls consultés, lesquels prud'hommes devront jurer sur les saints évangiles de se montrer habiles, honnêtes et loyaux dans cet office.

Item que dans toutes les discussions quelles qu'elles soient, à la suite desquelles une amende pourra être prononcée par monseigneur l'abbé, ses successeurs, leurs gens, officiers et tous ceux à qui il appartient ou appartiendra de les infliger, lesdits consuls actuels et ceux qui seront après eux ou deux d'entre eux, soient toujours appelés pour y assister, s'ils le veulent, comme on doit le faire pour les enquêtes selon la teneur de la paix et des autres accords.

Item que dans chacun des cas susdits, lorsque monseigneur l'abbé, son vicaire, son juge ou son baile devront être requis ou appelés ainsi qu'il a été dit ; il faudra le faire graduellement et il suffira d'en appeler un ; de sorte que l'on devra d'abord et en premier lieu requérir monseigneur l'abbé actuel, ou celui qui sera lors abbé, s'il est à Aurillac ou s'il n'est pas à plus de demi-lieue ; en l'absence de monseigneur l'abbé on devra requérir son vicaire ; s'ils sont tous deux absens ou éloignés de la ville de plus de demi-lieue, on devra requérir le baile ; et en l'absence de toutes les personnes susdites, on s'adressera au baile.

Item à l'occasion de toutes les choses susdites ou de quelques-unes d'entre elles, où l'on doit appeler les consuls, soit les consuls actuels eux-mêmes, soit ceux qui le seront à l'avenir, soit l'universalité et la communauté de ladite ville, soit les autres personnes ci-dessus déléguées ou que l'on déléguera par la suite, resteront étrangers à toute juridiction dans la ville ; car les consuls en charge, les autres personnes susdites, et les prud'hommes ne sont appelés et ne se présentent s'ils le veulent, que pour éloigner tout soupçon de même qu'il est dit à la paix. Cependant on n'appellera pas aux enquêtes d'autres personnes que les consuls, bien qu'il y en ait d'autres qui exercent des fonctions qui leur sont confiées, comme on a dit plus haut.

Item que le susdit monseigneur abbé ni ses successeurs, ni le couvent, ne puissent être tenus de garantir les consuls ou leurs successeurs de l'éviction des choses ou de quelqu'une des choses susdites, s'ils venaient à en souffrir quelqu'une de la part de tiers, à moins

domino abbate, conventu et singulis personis de conventu et successoribus cujuslibet eorumdem, et de decanis conreariis prioribus, monachis et officiariis qui sunt et qui erunt pro tempore in et sub monasterio prædicto, et membris ejusdem. Sed ipsi consules tenentur causam evictionis persequi suis sumptibus et summis, si videretur dictis consulibus expediens quod litigarent pro re seu causâ in et pro quâ evictio moveretur, per alios quam superiùs expressatos.

Item quod ex arresto imposito in personis Guillelmæ Bartholimena, sive de Rajaut aliter dicta, la Sigala; et Agnetis dictæ Lapeyroliera uxor Johannis de Juou; et ex præcepto judiciali eis et cuilibet earum facto de rendendo certis factis, per curiam et curiales domini abbatis, ex officio impositis contrà quemlibet earum, vel contrà dictam Lapeyrolieram de adultero, et contrà dictam la Sigala de adultero et incestu, quæ dicebantur commisisse; et ex sentenciis per judicem dictæ curiæ abbatiæ latis, super confiscationibus bonorum contrà Johannem Noël et contrà Johannem de Corda; et ex processibus et aliis factis per dictam curiam et curiales abbatiæ contrà Johannem Molas; et requestâ seu injunctione factis dudum consulibus Auriliaci, prædecessoribus consulum qui nunc sunt de accedendo apud sanctum Stephanum pro audiendo et interessendo quibusdam causis quorumdam incarceratorum qui detenebantur arrestati et capti in castro sancti Stephani et ex quibuscumque appellationibus et inhibitionibus ex inde secutis; et ex processibus eorum occasione, in curiâ balliæ montanorum Arverniæ factis et habitis inter partes quas ea tangebant et tangunt; et aliis ex prædictis secutis, seu eorum aliquo, nullum prejudicium possit fieri dictis consulibus nec universitati, nec etiam dicto domino abbati et conventui, nec monasterio; et compositionibus inter prædecessores dictarum partium dudum factis, nec franchesiis et libertatibus dictarum partium seu alteriùs earumdem. Et si quod factum sit, quod pro non facto habeatur, nec aliqua possessio nec quasi possessio possint per aliquam dictarum partium allegari, nec premissa seu earum aliqua ad consequentiam quomodo libet in futurum possint trahi, per ipsas partes nec per aliquam partium præ-

toutefois que cette éviction ne provint du fait de monseigneur l'abbé, du couvent ou de quelque personne du monastère, ou des doyens, dignitaires, prieurs, moines, officiers qui sont et seront un jour dans le monastère susdit ou sous sa juridiction et dans ses dépendances. Les consuls seront tenus de poursuivre la cause d'éviction à leurs frais et de leurs deniers, s'il leur paraît convenable et utile de plaider sur le fait ou la cause desquels procède l'éviction de la part de toute autre personne que celles qui sont ci-dessus désignées.

Item que l'arrestation de la personne de Guillemette Bartholimena, autrement de Bajant, surnommée la Sigala, et d'Agnès dite la Peyroulière, femme de Jean de Juou ; et l'ordre judiciaire donné à toutes deux et à chacune d'elles par la cour et les officiers de monseigneur l'abbé et d'office de répondre sur certains faits, savoir : contre la Peyroulière, d'un adultère, et contre la Sigala, d'un adultère et inceste, qu'elles étaient accusées d'avoir commis ; les sentences prononcées par le juge de ladite cour de l'abbaye portant confiscation des biens de Jean Noël et Jean de Corde ; les procès et autres poursuites faits par ladite cour et les officiers de l'abbaye contre Jean Moles ; la requête ou injonction faite aux anciens consuls de la ville d'Aurillac, prédécesseurs de ceux qui sont actuellement en charge, de se rendre au château de St-Etienne pour être présens et assister au procès de certains prisonniers détenus, arrêtés et captifs dans ledit château de St-Etienne, et toutes les appellations et inhibitions qui en ont été la suite ; et tous les procès mus et intentés à l'occasion de tout ce-dessus à la cour du baillage des montagnes entre les parties que tout cela regardait et concerne ; que tous autres qui en ont été la suite et chacun d'eux, ne puisse occasionner le moindre préjudice auxdits consuls ni à l'universalité des habitans, non plus qu'à monseigneur l'abbé, aux moines et au monastère, et aux accords consentis autrefois entre les prédécesseurs desdites parties, ni aux franchises et libertés desdites parties ou de l'une d'elles. Et si quelque dommage avait été causé qu'il soit comme non avenu ; qu'aucune possession ou quasi-possession ne puisse être alléguée par suite par l'une desdites parties ; que les choses susdites ni aucune d'elles ne puisse en aucune manière être de quelque conséquence à l'avenir, pour les parties elles-mêmes, ni pour quelle que ce soit d'entre elles, ni pour

22

dictarum , seu successorum eorumdem ; et quod præcepta
facta et arrestata imposita et alia ex præmissis secuta in
curiâ abbatiæ , contra dictas Guillelmam Bartolimena et
Agnetem Lapeyroliera pro non factis et impositis habeantur ;
et quod quicumque processus pro hiis in curiâ dictæ balliæ
montanorum , et alii processus pro quibuscumque causis
moti et pendentes inter dominum abbatem et conventum ex
unâ parte , et dictos consules ex aliâ , tam agendo quam def-
fendendo in curiis domini ballivii Arverniæ , et in curiis
Franciæ cessent et cessare habeant et alteriùs per dictas
partes non persequantur , nec persequi valeant in futurum.
Et quod omnia , si quæ in præmissis aut aliter facta essent ,
contrà libertates , seu contrà tenores dictæ pacis antiquæ et
novæ et aliarum compositionum dictæ villæ , seu contrà
dictum monasterium aut quolibet eorumdem sint cassa ,
nulla , et irrita et omnino penitus carcant firmitate , et quod
ad consequentiam nullathenus possint trahi.

Acto tamen et expresso inter dictas partes quod et supra
dictis domino abbate et ejus successoribus nec dictis consulibus et universitati eorumdem super inquirendis in similibus
criminibus et puniendis nullum præjudicium pro futuro
tempore possit innovari ; dictis antiquâ et novâ pace et aliis
compositionibus inter prædecessores dictarum partium dudum factis et libertatibus dictæ villæ remanentibus in suo
statu per omnia pro ut ante. Et quod omnes et singuli processus dictorum litigiorum in dictis curiis dictarum bail-
liarum et Franciæ et curiâ abbatiæ et earum quamlibet, jure
ordinario , seu virtute commissionum regiarum pendentes ,
pro non factis habeantur , nec ex eis possit alicui dictarum
partium aliquod prejudicium innovari , nec una pars contrà
aliam se juvare. Exceptis et remanentibus de partium assensu,
integris et illæsis , in sui efficaciâ et virtute , si quam habe-
rint et non aliter, litteris dudum per consules à regiâ majes-
tate, ut dicitur obtentis , et baillo montanorum , ut dicitur,
directis de compellendo dominum abbatem ad prestandum
juramentum de quo in pace antiquâ et novâ fit mentio , et
mandato à curiâ baillivii super hoc , ut dicitur, obtento per

leurs successeurs. Que les ordonnances, emprisonnemens et tout ce qui s'en est suivi à la cour de l'abbaye contre les susdites Guillemette Bartholimena et Agnès la Peyroulière soient réputés comme non avenus et n'existant pas; que tous procès quels qu'ils soient, pendant à cette occasion à la cour du baillage des montagnes, et tous autres procés pour quelque cause que ce soit, pendant entre monseigneur l'abbé et le couvent d'une part, et les consuls de l'autre, soit en demandant, soit en défendant, dans les cours du baillage d'Auvergne et en parlement, cessent et soient éteints et ne soient plus poursuivis par les parties, ni ne puissent l'être à l'avenir. Que tout ce qui aurait été fait dans les choses susdites, si dans cela ou de toute autre manière il avait été fait quelque chose de contraire aux libertés, ou à la teneur des paix anciennes et nouvelles et des autres accords de la ville, ou contre le monastère, ou contre qui que ce soit d'eux; que tout ce qui leur serait contraire soit nul, inutile, inefficace et tout-à-fait sans valeur et ne puisse en aucune manière servir de précédent à l'avenir.

Convenu cependant et expressément spécifié entre parties, que ce qui vient d'être dit ne pourra préjudicier en rien à monseigneur l'abbé et à ses successeurs, ni aux consuls et à l'universalité des habitans, lorsqu'il s'agira à l'avenir d'enquérir sur des crimes semblables et de les punir. Lesdites paix ancienne et nouvelle et les autres accords convenus autrefois entre les prédécesseurs desdites parties et toutes les libertés de la ville, demeurant stables et entières, et obligatoires comme auparavant. Tous et chacun les procès et différens desdites parties, pendans à la cour du baillage et à celle du parlement et à quelle que ce soit des deux, soit à l'ordinaire, soit en vertu des commissions royales, seront reputés n'avoir jamais été intentés; il ne pourra en résulter aucun préjudice contre l'une ou l'autre des parties, et l'une d'elles ne pourra s'en armer contre l'autre, à l'exception des lettres que les consuls ont, dit-on, obtenu autrefois de notre sire le roi et qui furent adressées, dit-on, au bailli des montagnes, pour contraindre monseigneur l'abbé à prêter le serment dont il est parlé dans les paix anciennes et nouvelles, lesquelles demeureront, du consentement des parties, entières, stables et dans toute leur force, si elles existent et non autrement; excepté aussi le mandement que les consuls disent avoir obtenu à la suite de ces

consules, et processibus deffectu et arresto qui et quod inde secuti dicuntur, ad instantiam et requestam ipsorum tunc consulum dictæ villæ.

Item quod coqui conventus dicti monasterii, dum officium hujus modi per se exercebunt et quamdiù exercebunt, in talhiis communibus dictæ villæ quæ fient non contribuent, nec contribuere teneantur.

Item quod in compositionibus et concessionibus præmissorum fuit actum et conventum quod omnia singula concedebantur et fiebant per dictas partes quantum de jure poterant et in eis erat, retentâ in hiis in quibus esset ne cesse regiâ voluntate et supplicaverunt dictæ partes et quælibet earum, et per præsentes supplicant regiæ celsitudini ut præmissa omnia et singula approbare et confirmare dignetur, et auctoritatem interponat ad firmitatem perpetuam eorumdem.

Et salvis dictis partibus et cuilibet earum protestationibus, retentionibus, renunciationibus superiùs à se factis, et in quolibet articulo et capitulo de contentis superiùs ac etiam in omnibus et singulis suprà contentis repetitis specialiter et expresse; prænominati syndici procuratores et actores dictorum domini abbatis et conventus et monasterii pro se et pro eisdem domino abbate et conventu et monasterio et successoribus eorumdem ex unâ parte; et prædicti syndici, procuratores et actores dictorum consulum, universitatis, communitatis et hominum dictæ villæ pro se, et pro eisdem consulibus, universitate, communitate et habitantibus dictæ villæ et successoribus eorumdem ex parte alterâ, præmissa omnia et singula suprà contenta et scripta recognoverunt, et confessi fuerunt fore utilia ipsis partibus, et earum cuilibet, et sic inter se ad invicem ordonaverunt, convenerunt et concordaverunt, pepigerunt, composuerunt, transigerunt et declaraverunt, attentis et consideratis usibus, observantiis et consuetudinibus antiquis dictorum monasterii et villæ, et eadem valere meliori modo quo possit perpetuò in dictis monasterio et villâ, et tenere et servare voluerunt et eadem omnia et singula tenere et servare perpetuò, facta sibi ad invicem, pro ut ad quamlibet ipsarum pertinet; et se procuraturos, cum effectu et bonâ fide, eadem à regiâ celsitu-

lettres du bailli des montagnes d'Auvergne, et le procès et l'arrêt par défaut qui ont suivi, disent-ils, à la requête et sur la demande de ceux qui étaient alors consuls de ladite ville.

Item les cuisiniers de la manse convensuelle dudit monastère, tant qu'ils exerceront par eux-mêmes cet office, ne contribueront pas aux tailles communes de ladite ville et ne seront pas contrains d'y contribuer.

Item dans les compositions et concessions ci-dessus faites, il a été convenu et déclaré que toutes et chacune d'elles n'étaient consenties et arrêtées par lesdites parties qu'autant qu'elles en avaient le droit et qu'il était en elles, sauf l'approbation royale pour toutes les choses où elle était nécessaire. Lesdites parties et chacune d'elles ont supplié et supplient encore par cet article sa majesté royale de daigner confirmer et approuver ce qui précède, le tout et chacun desdits articles, et d'interposer son autorité pour donner aux présentes force et valeur perpétuelle.

Et sauf auxdites parties et à chacune d'elles les protestations, réserves, renonciations par elles ci-dessus faites dans chaque article et chaque chapitre de ce qui est dit ci-dessus, spécialement et expressément répétées pour toutes les choses contenues plus haut et chacune d'elles, les susnommés syndics, procureurs et avocats dudit monseigneur l'abbé, du couvent et du monastère, pour eux et pour monseigneur l'abbé, le couvent, le monastère et leurs successeurs d'une part ; et les susdits syndics, procureurs et avocats desdits consuls, de l'universalité, de la communauté et des habitans de ladite ville, pour eux et pour les consuls, l'universalité, la communauté et les habitans de ladite ville et leurs successeurs d'autre part, ont reconnu et confessé que tout ce qui est contenu et écrit ci-dessus et chaque partie de ce qui y est dit, est et sera utile à toutes les parties et à chacune d'elles, et ainsi réciproquement entre eux ils ont ordonné, convenu, accordé, pactisé, composé, transigé et déclaré, vus et considérés les usages, observances et coutumes antiques dudit monastère et de la ville, et ils ont voulu que le tout fut valable à perpétuité, en la meilleure forme que possible, et fut conservé et gardé dans le monastère et dans la ville, et ont promis respectivement les uns aux autres, par une stipulation solennelle, de suivre et observer à perpétuité tout et chaque partie des choses susdites, en tant qu'il appartient à chacune desdites parties ; comme aussi de s'employer efficacement et de bonne foi pour faire confirmer le pré-

dine confirmari promissi sunt, stipulatione solenni, et contrà ea non facere aut venire, et si contrà fieret per aliquam dictarum partium, in toto, aut in parte, illud voluerunt esse nullius efficaciæ et valoris, sive semel, sive pluriès fieret. Imo pro infecto haberi, nec aliquod jus tribuere posse in possessione aut proprietate, aliquo cursu temporis seu præscriptionis neminem juvante, aut juvare valente. Et fuit expresse actum inter dictas partes de consensu unanimo quod, in casu quo curia domini abbatis præmissa, quantum ad ipsam curiam spectaret, non faceret observare, sed in hiis aliquo ve eorum esset, seu circa ea observare facienda negligens aut remissa, quod eo tunc et eâ vice aut vicibus quâ seu quibus et quotiens duntaxat fuerit negligens aut remissa, pæna aut pænæ prædictæ, per alios quam per dictos consules committendæ, quæ ad dominum abbatem pertinent, pauperibus dictæ villæ per bajulum domini abbatis et consules erogentur. Quas pænas declarare commissas aut non commissas esse judex curiæ teneatur.

Item ut omnis fraus et fraudis suspicio et occasio tollatur et penitus evitetur, et ut præmissa diligentius observentur, salvis tamen retentionibus et protestationibus suprà dictis, judices, bajuli, procuratores et servientes in sui creatione seu nominatione, et ex nunc, illi qui sunt creati, jurent, et jurare teneantur dicto domino abbati, et addere juramento de fideliter suo officio exercendo, quod prædicta omnia teneant fideliter et observent quathenus pertinet ad officium cujuslibet eorumdem; et quod in præmissis non committent fraudem aliquam neque dolum. Clerici etiam, consiliarii consulum dictæ villæ et deputati ac deputandi ad omnia et singula capitula supra scripta, servientes que et trompatores eorumdem consulum, in sui creatione seu nominatione, et ex nunc, illi qui sunt creati, jurent et jurare teneantur consulibus dictæ villæ quod præmissa omnia quathenus ad ipsos pertinent, teneant fideliter et observent, et quod in eisdem fraudem non committent aliquam neque dolum. Et præmissa omnia et singula sic facta, dicta, transacta, conventa, pacta, ordinata et declarata et promissa inter easdem partes, nominibus quibus suprà, et nominibus earumdem partium te-

sent accord par sa royale majesté, et de ne rien faire de contraire.
Et si l'une ou l'autre desdites parties venait à l'encontre de ce-dessus
en tout ou partie, ils ont voulu que de tels actes fussent sans valeur
et sans efficacité, soit qu'ils fussent isolés ou répétés plusieurs fois;
qu'au contraire ils fussent réputés comme nuls et ne pussent faire
naître aucun droit, soit de propriété soit de possession, sans qu'aucun
laps de temps, même celui qui suffit pour prescrire, puisse aider
ou autoriser l'une ou l'autre des parties.

Il a été encore expressément convenu entre parties, d'un consentement unanime, que, dans le cas où la cour de monseigneur l'abbé,
quant à ce qui la concerne, ne ferait pas observer les choses susdites,
ou se montrerait négligente à faire observer toutes ou quelques-
unes d'elles, qu'alors seulement, toutes et chaque fois qu'elle mon-
trera de la négligence, l'amende ou les amendes qu'elle aurait dû
prononcer, et qui auraient été encourues par d'autres que les consuls,
ou du moins la part qui devait en revenir à monseigneur l'abbé,
sera distribuée par le baile et les consuls aux pauvres de la ville. En
ce cas le juge de la cour sera tenu de déclarer si les amendes sont
encourues ou non.

Item pour ôter et entièrement éviter toute fraude, tout soupçon
et occasion de fraude, pour que les choses susdites soient plus soigneusement observées, sauf cependant les réserves et protestations
susdites, que les juges, bailes, procureurs et servans, lors de leur
nomination ou création, et de suite ceux qui sont en charge, jurent
et soient tenus de jurer à monseigneur l'abbé et d'ajouter au serment
qu'ils prêtent de loyalement exercer leurs charges; qu'ils garderont
fidèlement tout ce que dessus et qu'ils l'observeront en tout ce qui
concerne l'office de chacun d'eux, et que dans les choses susdites ils
ne commettront ni dol, ni aucune fraude. Les clers et les conseillers
des consuls de ladite ville de leur côté, et ceux qui sont ou seront
délégués pour l'exécution de tout ou partie des chapitres susdits;
les servans ainsi que les trompettes des mêmes consuls, lors de leur
création ou nomination, et de suite ceux qui sont ensemble, jureront et seront tenus de jurer entre les mains des consuls de ladite
ville qu'ils garderont tout ce qui vient d'être dit, en tant qu'il leur
appartiendra, et l'observeront fidèlement et ne commettront dans
toutes ces choses aucune fraude, ni dol. Et toutes les choses susdites
et chacune d'elles ainsi faites, dites, transigées, convenues, pacti-

nere servare, attendere, et complere et tenere facere, pro
ut ad quamlibet pertinet, et contra ea nihil unquam facere,
aut venire per se aut per alium, et in eis et adversus ea
fraudem aut dolum non committere vicissim solemniter promiserunt prænominati syndici, procuratores et actores dictorum domini abbatis et conventus et monasterii, et consulum
et universitatis et communitatis et hominum dictæ villæ ; et
nihil ominus in manus dominorum suorum et cujuslibet
eorumdem juraverunt ad sancta Dei evangelia à se corporaliter et eorum quolibet manu tacta, hinc et inde, se nihil
nec dictos dominos suos allegaturos aut proposituros in judicio, aut extrà, contra præmissa aut aliquid præmissorum,
propter quod minorem obtineant firmitatem, et in eis et
adversus ea fraudem aut dolum se non commissuros. Pro
quibus præmissis omnibus et singulis tenendis, servandis,
complendis, ut est dictum, et tenere et servare faciendis,
dictæ partes et eorum quælibet pro ut quamlibet earum
tangit, vel dicti procuratores syndici, yconomi, aut actores
domini abbatis et conventus prædictorum, nominibus eorumdem obligaverunt præfatis consulibus, communitati et universitati dictæ villæ, dictis procuratoribus, syndicis seu
actoribus dictorum consulum et universitatis stipulantibus
et recipientibus solenniter, nomine dictorum consulum,
communitatis et universitatis, omnia et singula bona domini abbatis et conventus prædictorum et successorum suorum, et dicti monasterii præsentia et futura ; et dicti
procuratores, syndici seu actores consulum communitatis
et universitatis dictæ villæ, nomine eorumdem, obligaverunt
dictis domino abbati et conventui præsentibus et recipien-
tibus dictis procuratoribus syndicis seu yconomis dictorum
domini abbatis et conventus, omnia et singula bona communitatis consulatus præsentia et futura. Et ad observantiam
omnium et singulorum præmissorum ipsæ partes et eorum
quælibet, pro ut quamlibet earum tangit et nominibus quibus
suprà voluerunt et consencerunt se et successores suos
posse compelli per nos, aut per mandatum nostrum, seu
per quoscumque a nostro officio successores, per dictum
ballivium montanorum Arverniæ qui erit pro tempore et

sées, ordonnées, déclarées et promises entre lesdites parties ez-noms
que dessus et aux noms desdites parties, les susnommés syndics,
procureurs et avocats de monseigneur l'abbé, des moines et du monastère, des consuls, de l'universalité et de la communauté des habitans de ladite ville, se sont solennellement promis réciproquement
les tenir, garder, suivre et accomplir, et les faire observer en ce qui
concerne chacun d'eux ; comme aussi de ne pas venir à l'encontre,
ni faire par eux-mêmes et faire faire par d'autres quelque chose de
contraire et de ne commettre ni dol, ni fraude dans toutes ces choses
ni à leur occasion; et néanmoins ils ont juré, chacun entre les mains
de leurs commettans, sur les saints évangiles de Dieu, réellement
touchés de la main par chacun d'eux et de part et d'autre, que ni
eux, ni leurs commettans n'allégueront ou ne proposeront jamais
rien, soit en jugement, soit hors de jugement, contre les choses susdites ou l'une d'elles qui puisse en diminuer l'efficacité, et ne se
permettront dans lesdites choses ou à leur occasion ni fraude, ni dol.
Et pour garantir que toutes les choses susdites et chacune d'elles seront suivies, gardées, accomplies, comme il vient d'être dit, que
les parties et chacune d'elles les observeront et les feront observer à
l'avenir en tant qu'il appartient à chacun, les parties ou lesdits procureurs syndics, économes et avocats de monseigneur l'abbé et du
couvent susdit, aux noms de leurs mandans, ont obligé aux susdits
consuls, à la communauté et à l'universalité de ladite ville, et aux
susdits procureurs syndics, ou avocats des consuls et de l'universalité, stipulant et acceptant solennellement, aux noms desdits consuls,
de la communauté et de l'universalité, tous et chacuns les biens de
monseigneur l'abbé et du susdit monastère et de leurs successeurs,
présens et futurs ; et lesdits procureurs, syndics et avocats des consuls,
de la communauté et de l'universalité de ladite ville, aux noms de
leurs mandans, ont obligé à monseigneur l'abbé et au couvent, présens et acceptant les susdits procureurs, syndics et économes dudit
monseigneur l'abbé et du couvent, tous et chacun les biens présens
et futurs de la communauté et du consulat. Et pour l'observation de
toutes et chacune des choses susdites, les parties elles-mêmes et chacune d'elles, autant que cela les concerne personnellement et ez-
noms que dessus, ont voulu et consenti qu'elles et leurs successeurs
pussent être contraints par nous ou par notre lieutenant, ou par
tous ceux qui succèderont à notre office, quels qu'ils soient, par
tous ceux qui seront baillis des montagnes d'Auvergne, par leurs
lieutenans ou leurs cours, ou par quelle que ce soit desdites cours,
que la partie qui se plaindra de l'inobservation des choses susdites,

23

mandatum et dicti ballivii curias, seu alteram earumdem,
quam pars quæ pro præmissis conquerere seu exponere voluerit, duxerit eligendam, simpliciter et de plano, per
captionem, venditionem, et distractionem bonorum domini
abbatis et conventus, consulum et communitatis prædictorum et successorum suorum, tanquam pro re judicatâ,
et in judicio confessatâ, sine citatione, monitione, copiâ
præsentium litterarum, libello et deceptatione quâcumque.
Hic expresse etiam renunciantes medio juramento, vel una
et quælibet dictarum partium ad simplicem requestam alteriùs ad invicem et successorum suorum aut mandati sui
subponentes et subvenientes, hinc et inde, vel dicti procuratores et syndici dictorum domini abbatis et conventus
bona omnia, et singula dicti monasterii præsentia et futura,
et procuratores et syndici dictorum consulum bona dictæ
communitatis præsentia et futura, compulsioni, cohertioni,
juridictioni, foro, stylo, et districtiis dicti regis sigilli, et
curiæ dicti domini ballivii et cujuslibet eorumdem; ita quod
pro executione seu compulsione per unam incepta pro præmissa, aut eorum aliquo, possit ad alium judicem recurri,
et ut unus si noluit, ad primum judicem reduci.

Renunciantes nihilominus dictæ partes et earum quælibet pro se et nominibus quibus suprà, super prædictis
omnibus et singulis, pro ut tangunt quamlibet partium prædictarum, omni in integrum restitutioni, generali, speciali,
et omnibus et singulis aliis juris renunciationibus pariter et
cautelis et juri dicenti generalem renunciationem non valere nisi specialis sit expressa. Et si quod jus, aut consuetudo, stylus curiæ esset dici aut allegari posset per quem,
quam, seu quod ea aut aliqua de eis novata aut infecta aut
enervata in toto aut in aliquâ parte dici aut allegari possent,
hiis articulis exceptis qui in præsenti compositione continentur, in quibus per expressum ab eis receditur, ut est
dictum, illi juri consuetudini aut stylo procuratores et syndici dictarum partium renunciaverunt pro se et suis successoribus, ex suâ certâ scientiâ specialiter et expresse et promisi sunt et juraverunt se successores que suos, aliquem
ve pro eis, nunquam juvare se eisdem jure, consuetudine,

voudra choisir, simplement et d'autorité, par la saisie, vente et confiscation des biens de monseigneur l'abbé, du couvent, des consuls ou de la communauté susdite et de leurs successeurs, comme s'il s'agissait de chose jugée et confessée en jugement, sans citation, monitoire, copie des présentes lettres, libelle et discussion quelconque, renonçant encore expressément par un serment réciproque, et soumettant et obligeant de part et d'autre respectivement l'une des parties et chacune d'elles, à la simple requête de l'autre partie ou de ses successeurs et de son mandataire, à savoir lesdits procureurs et syndics de monseigneur l'abbé et du couvent, tous et chacun les biens du monastère présens et futurs, et les procureurs et syndics desdits consuls, les biens de ladite communauté présens et futurs, au compulsoire, à la cohertion, à la juridiction, à la compétence, au style et à la contrainte dudit sceau royal, de la cour dudit monseigneur le bailli et de chacun d'eux, de telle sorte que l'exécution et poursuite commencée par une desdites cours à l'occasion des présentes, on puisse recourir à l'autre, quelle qu'elle soit, et que si l'un des juges ne veut pas poursuivre on puisse revenir à l'autre.

Lesdites parties et chacune d'elles renoncent encore, pour elles et aux noms que dessus, pour toutes et chacune les choses contenues dans les présentes, en tant qu'elles concernent chacune des parties, à toute restitution intégrale, générale ou spéciale, et à toutes et à chaque renonciation de droit et exception, et au droit qui dit que la renonciation générale ne vaut si la spéciale n'est exprimée. Et s'il existait quelque loi, coutume ou style de la cour que l'on pût invoquer ou alléguer, en vertu du quel, de laquelle ou des quels il fut possible de soutenir que les paix ou compositions anciennes seraient devenues caduques ou tombées en désuétude, en tout ou partie, à l'exception toutefois des articles des présentes par lesquels il y est expressément dérogé, comme on l'a dit, les procureurs et syndics desdites parties ont renoncé à ces lois, coutumes et style, pour eux et leurs successeurs, et de leur certaine science ils ont promis et juré spécialement et expressément qu'eux et leurs successeurs, ni personne pour eux, ne s'aideront jamais desdites lois, coutumes ou style, et que soit en jugement, soit hors de jugement, ils n'allègue-

aut stylo, nec quodcumque in judicio aut extrà, aliquo tempore allegare per quod dici possit per hic contenta recessum esse à dictis pace novâ et antiquâ, nec aliquâ de compositionibus ante dictis. Volentes si secus facerent sibi judiciarium aditum et audientiam denegari.

Et promisi sunt præfati syndici, procuratores et yconomi dictorum domini abbatis et conventus, absque juramento tamen seu obligatione prædictâ, se curaturos et procuraturos cum effectu quod sigilla dictorum domini abbatis et conventus ad requestam dictorum consulum et successorum suorum, semel præsentibus litteris apponentur impendentia. Et vice versâ dicti procuratores et syndici et actores dictorum consulum et communitatis et successorum suorum promisi sunt absque juramento, sub obligatione prædictâ se curaturos et procuraturos cum effectu, quod sigillum dictæ communitatis ad requestam dictorum domini abbatis et conventus semel præsentibus litteris apponatur impendens.

Item fuit actum et in pactum deductum inter dictas partes quod dicti notarii tradant syndicatum dictorum religiosorum, super hæc per dictos notarios receptum, ingrossatum et sigillatum dictis consulibus et suis successoribus, quod consules et eorum successores ipsum in perpetuum teneant, et tenere possint et debeant. Et vice versâ quod syndicatum dictorum consulum tradant dicti notarii grossatum et sigillatum dictis religiosis viris, qui religiosi et successores eorumdem dictum syndicatum eorumdem consulum teneant et tenere possint et debeant. In quibus syndicatibus et compositionibus præsentibus dictæ partes, pro ut quamlibet tangit, sigilla dominorum abbatis et conventus consulatus et communitatis prædictorum apponere debeant. Et quod ad hoc compelli possint et debeant dictæ partes pro ut suprà.

Item voluerunt et concesserunt dictæ partes quod de prædictis omnibus et singulis fiant cuilibet dictarum partium una littera aut plures litteræ per dictos notarios seu alterum eorumdem sub dictis sigillis substantiâ non mutatâ, si et dum fuerint requisiti.

Quæ prædicta omnia et singula, sic actaǀ, concessa, ordi-

ront jamais rien d'où l'on pût induire que, par le contenu des présentes, on s'est écarté en quoi que ce soit desdites paix ancienne et
nouvelle, ni d'aucun des accords susdits; voulant, s'ils faisaient le
contraire, que l'entrée de la cour et l'audience leur fussent refusées.

Et lesdits syndics, procureurs et économes de monseigneur l'abbé
et du couvent, ont promis sans serment, mais sous l'obligation susdite, de faire en sorte et de s'employer efficacement pour obtenir,
qu'à la requête des consuls et de leurs successeurs, les sceaux de
monseigneur l'abbé et du couvent soient apposés et appendus aux
présentes lettres. Et de leur côté les procureurs, syndics et avocats
desdits consuls, de la communauté et de leurs successeurs, ont aussi
promis sans serment, mais sous l'obligation susdite, de faire en sorte
et de s'employer efficacement pour que le sceau de ladite communauté soit à la requête de monseigneur l'abbé et du couvent, apposé
et appendu aux présentes lettres.

Item il a été convenu et traduit en forme de pacte entre lesdites
parties, que lesdits notaires délivreront aux consuls et à leurs successeurs la grosse scellée de l'acte qu'ils ont reçu, portant nomination
de syndics et procureurs de la part des religieuses personnes susnommées; afin que les consuls et leurs successeurs conservent et puissent
conserver à perpétuité ledit acte, comme ils doivent le faire. Et que
d'une autre part ils délivrent aussi auxdites religieuses personnes la
grosse scellée du syndicat desdits consuls, afin que lesdits religieux
conservent et gardent ledit acte à perpétuité. Auxquels actes, portant nomination de syndics pour le présent accord, chacune des parties, en ce qui la concerne, devra apposer les sceaux de monseigneur
l'abbé et du couvent, du consulat et de la communauté, et elles
pourront y être contraintes en cas de refus, comme il est dit plus
haut.

Item lesdites parties ont encore voulu et accordé que de toutes et
chacune les choses susdites il soit fait à qui que ce soit desdites parties, par les notaires susdits ou l'un d'eux, une ou plusieurs copies
scellées desdits sceaux, sans altérer la substance des présentes, lorsque
et quand ils en seront requis.

Toutes et chacune les choses susdites ont été ainsi faites, ac-

nata, pacta, declarata fuerunt, coram dictis notariis præsentibus et veneralibus et religiosis viris domino Petro de Folhola decano Varinii, Helia de Malamorte cellario monasterii Aureliacensis, domino Aymerico de Turre monacho dicti monasterii; et nobilibus viris domino Eustachio Fabri, et Geraldo de Montanhaco militibus; et discretis viris magistris Johanne de Cuniis, Petro Brugerii, Hugone Laginesta, Petro Ponheti, clericis jure peritis; magistro Durando de Villa notario. Guillelmo Juliani, Guillelmo Baldelli, Nicholao Bodini, et Petro filio Stephani Aymerici, testibus ad præmissa vocatis specialiter et rogatis, pro ut dicti notarii nobis retulerunt in hiis scriptis, quibus notariis et eorum relationi fidem plenam adhibentes in testimonium præmissorum.

Nos dictus, tenens dictum sigillum dicti domini nostri regis in dicta ballivia montanorum Arverniæ constitutum, ad præces et instantiam dictarum partium, et ad majorem firmitatem et testimonium omnium præmissorum dictum sigillum, unâ cum sigillis dominorum abbatis et conventus et consulum et communitatis prædictorum, duximus litteris præsentibus apponendum, salvo in omnibus jure dicti domini nostri regis et quolibet alieno.

Datum et actum in castro sancti Stephani prope Aureliacum, die jovis in festo Inventionis sanctæ crucis quæ fuit tertia dies introitus mensis maii, anno domini millesimo trecentesimo quadragesimo septimo.

JOHANNES DAGUZO, DURANDUS DE CASIS.

Et nos frater Aymericus, Dei et sedis apostolicæ gratiâ abbas dicti monasterii Aureliacensis ad romanam ecclesiam nullo medio pertinentis ad et pro nobis et successoribus nostris et conventus ejusdem monasterii, quantum de jure possumus et in nobis est, et nos Petrus Javeni, Johannes Bigorra, clerici; Geraldus Brugerii, Raymondus Aymerici, Guillelmus Palati et Geraldus Teysserii, consules villæ prædictæ Aureliaci; pro nobis communitate et universitate dictæ villæ et successoribus nostris, quantum de jure possumus et in nobis est, prædicta laudantes, approbantes et confirmantes, sigilla nostra, cum dicto sigillo dicti domini nostri regis duximus præsentibus litteris apponenda, ad majorem fidem et firmitatem omnium præmissorum, die et anno prædictis, datum et actum ut suprà.

cordées, ordonnées, pactisées et déclarées devant lesdits notaires, en présence de vénérables et religieuses personnes dom Pierre de Folhola, doyen de Varens; Hélie de Malamort, cellerier du monastère d'Aurillac; Aymeric de Latour, moine dudit monastère, et de nobles personnes monseigneur Eustache Fabri et Geraud de Montanhac, chevaliers, et de discrètes personnes maîtres Jean de Cuniis, Pierre Brugieri, Hugues Lagineste, Pierre Ponheti, clers jurisconsultes; de maîtres Durand de Villa, notaire; Guillaume Juliani, Guillaume Baldelli, Nicolas Bodin et Pierre Aymeric, fils d'Etienne; témoins appelés et requis spécialement pour les présentes; ainsi que lesdits notaires nous l'ont rapporté dans lesdites lettres. Auxquels notaires et à leur relation ajoutant pleine et entière créance, en témoignage des choses susdites, nous susnommé garde du scel de notre seigneur le roi, établi dans le susdit baillage des montagnes d'Auvergne, à la prière et sur l'instante requête desdites parties, et pour donner plus d'authenticité et de créance aux choses susdites, avons fait apposer ledit sceau aux présentes lettres, ensemble avec celui de monseigneur l'abbé et du couvent, et celui des consuls et de la communauté, sauf et réservé en toutes choses le droit de notre seigneur le roi et de tous autres.

Donné et passé dans le château de St-Etienne, près Aurillac, le jeudi, fête de l'Invention de la Sainte-Croix, qui fut le troisième jour depuis le commencement de mai, l'an de notre Seigneur mil trois cent quarante-sept.

JEAN DAGUZON, DURAND DE CAZE.

Et nous frère Aymeric, par la grâce de Dieu et du siège apostolique, abbé dudit monastère d'Aurillac, qui appartient sans moyen à l'église romaine, pour nous et nos successeurs et pour le couvent dudit monastère, autant que nous le pouvons et qu'il est en nous; et nous, Pierre Javen, Jean Bigorre, clercs; Geraud Brugierie, Raymond Aymeric, Guillaume Palat et Geraud Teyssière, consuls de la susdite ville d'Aurillac; pour nous, la communauté, l'universalité de ladite ville et nos successeurs, autant que nous en avons le droit et qu'il est en nous; louant, approuvant et confirmant les choses susdites, avons fait apposer nos sceaux aux présentes lettres, ensemble avec le scel de notre sire le Roi, pour donner plus de créance et d'autorité à tout ce dessus, les jour et an susdits, donné et passé comme dessus.

NOTE.

Comme il est juste de rendre à chacun ce qui lui appartient, je dois déclarer ici que le traité relatif *au gravier*, inséré dans cette publication, de la page 108 à la page 119, a été copié sur l'original par M. Deldevez, ancien avoué, et que la troisième paix du 3 mai 1347, qui commence à la page 120, l'a été par M. Fregeac, huissier à Laroquebrou.

J'ai revu avec le plus grand soin ces deux copies. Les fautes que l'on retrouvera encore dans le texte existent presque toutes dans l'original; je dis presque toutes, parce que je n'ose affirmer qu'on ne saurait nous en imputer quelques-unes, il est si difficile de bien lire un parchemin qui date de cinq cents ans, qu'on nous les pardonnera, j'espère.

Quant aux fautes grammaticales que j'ai laissé subsister sciemment, le respect dû aux textes originaux doit me justifier, et je crains plutôt que l'on me reproche d'avoir altéré le texte en écrivant Æ aux génitifs et datifs singuliers, et aux cas du pluriel que nous écrivons ainsi aujourd'hui, tandis qu'on écrivait autrefois avec un E simple. Je ne l'ai fait que pour rendre le latin plus intelligible, et c'est pour cela que j'ai mis un accent circonflexe sur l'ablatif en A.

Pour la traduction, je ne puis que répéter ce que j'ai dit déjà. J'ai cru devoir sacrifier à la fidélité l'agrément, et même quelquefois la correction du style : il s'agissait de faire connaître des titres curieux, et non de rendre leur lecture agréable. Il eût été mieux de faire l'un et l'autre; je ne l'ai pas cru possible, et n'ai pas osé le tenter.

Aurillac, 30 Décembre 1842.

Baron D

Aurillac, Imp. de P. Picut.

www.ingramcontent.com/pod-product-compliance
Lightning Source LLC
Chambersburg PA
CBHW070019110426
42741CB00034B/2164